作者简介

李中：

哥伦比亚大学学士、哈佛 MBA。妥妥递科技联合创始人、CEO；国际证监会组织前资深政策顾问；前证监会基金部、私募基金小组成员；曾为国内知名媒体、G20、IOSCO、证监会撰文；曾任职于高盛和德意志银行。

周思宇：

毕业于中国人民大学，经济学学士、硕士，博士研究生。现就职于金融管理部门，曾长期就职于证券登记结算机构。在证券交易结算、金融基础设施、金融科技、科技监管、金融统计等领域拥有丰富的研究和实践经验，多篇学术论文发表于核心期刊。

李杨：

毕业于外交学院，英语语言文学学士、硕士。就职于国内金融市场基础设施机构，从事中国资本市场双向开放和金融科技的跟踪研究。

审慎变革

区块链与证券市场的未来之路

李中　周思宇　李杨　编著

清华大学出版社

北京

图书在版编目(CIP)数据

审慎变革：区块链与证券市场的未来之路 / 李中，周思宇，李杨编著. — 北京：清华大学出版社，2018（2018.11重印）

  ISBN 978-7-302-51041-3

  Ⅰ.①审… Ⅱ.①李… ②周… ③李… Ⅲ.①证券市场－市场分析－中国 Ⅳ.① F832.51

  中国版本图书馆 CIP 数据核字(2018)第 191950 号

责任编辑： 张立红
封面设计： 梁　洁
版式设计： 方加青
责任校对： 郭熙凤
责任印制： 杨　艳

出版发行： 清华大学出版社
        网　　　址： http://www.tup.com.cn，http://www.wqbook.com
        地　　　址： 北京清华大学学研大厦 A 座　　**邮　　编：** 100084
        社 总 机： 010-62770175　　　　　　　　**邮　　购：** 010-62786544
        投稿与读者服务： 010-62776969，c-service@tup.tsinghua.edu.cn
        质 量 反 馈： 010-62772015，zhiliang@tup.tsinghua.edu.cn
印 装 者： 三河市春园印刷有限公司
经　　销： 全国新华书店
开　　本： 148mm×210mm　　**印 张：** 8.75　　**插 页：** 1　　**字　数：** 209 千字
版　　次： 2018 年 10 月第 1 版　　　　　　**印　次：** 2018 年 11 月第 2 次印刷
定　　价： 68.00 元

产品编号：080705-01

我们生活在一个科技突变不断加速的时代，其动力来源于互联网使用率的稳步上升、数据功能的飞跃变化和全球经济前所未见的高度互联。这些进步给企业和消费者带来了巨大的好处，但同时也在考验着全球市场和监管的界限。没有什么地方的情况比中国的情况更为突出了。

区块链和广义的分布式账本技术（DLT）是最具颠覆性、最有希望影响资本市场的新兴技术。区块链的分布式性质，连同密码学和网络协议，使其成为一个可以建立可信的金融交易平台的强大工具。

如果使用得当，区块链和分布式账本技术可以大大减少资本市场体系内的中介机构，也就意味着效率的提升和成本的降低。它有可能提高透明度和可追踪性，增强安全性和隐私保护，并改善市场和融资渠道。它将可能从根本上改变世界资本市场，使它变得更好。

理解这项技术及其影响对行业和政府部门都至关重要，《审慎变革：区块链与证券市场的未来之路》是可以协助各方达到此目标的宝贵资源。本书探讨了区块链的机遇和挑战、区块链技术能做什么和不能做什么、在资本市场领域中的近期发展状况，并分析了区块链在资本市场中的未来应用和长期潜力。

无论在资本市场还是在其他领域，要释放区块链的最大潜力，只有全部利益相关方——从政策制定者和监管机构，到行业、学术界和投资者——通力合作才能实现。这本书将有助于汇集各方观点，促进讨论和辩论。

书中关于澳大利亚证券交易所（ASX）基于区块链的清算和结算平台案例尤其具有代表性。该平台将在一个有安全许可的私有链上运行，提供更高效的清算、结算和其他交易后服务。在我担任澳大利亚证券和投资委员会主席期间，该倡议得到了委员会的支持。通过咨询各利益相关方，该系统共确认了 50 个新的业务需求，包括账户结构和信息、预结算、结算以及公司决议流程。当然，在 2020 年上线之前，该系统需要在可用性、防御性、可恢复性、性能、可扩展性和安全性方面满足高要求。但与之前相比，它已经取得了显著的进步，足以胜任新一代交易后处理系统的角色，这多亏各方的广泛合作与努力。

区块链和分布式账本技术并非没有自身的风险和挑战，特别是在金融领域。区块链在金融领域的应用正在面临市场诚信、投资者保护、网络安全、隐私、税收、金融会计和反洗钱等方面的新问题。

作为一名全球政策制定者和前监管者，我认为至关重要的是各国政府对新技术采取积极和前瞻性的态度，与利益相关方合作，抓住机会，迎接挑战，并解决可能的滥用。我们需要在制定政策时找到一种平衡——规避风险的同时对创新和积极的颠覆持开放态度。

我们也需要加强国际合作。资本市场是全球的、相互关联的，区块链和分布式账本技术所面临的问题也是如此。各国政府、监管机构和行业必须协调配合，以避免监管碎片化，遏制监管套利的动力，推广最佳实践。

经济合作与发展组织（OECD）已经在考虑区块链和分布式账本技术对资本市场的影响。我们在国际上率先发现和探讨上述的许多问题，特别是新兴的数字金融资产，如为筹集资金而发行的加密货币和通证。

重要的是，经济合作与发展组织正在利用其号召力来促进各国政府之间的合作，让行业、创业者和研究人员发声，并召集其他国际标准制定机构。我相信，区块链将从一种新兴技术转变为一种革命性技术。经济合作与发展组织将努力推动各方在这一过程中的协作。

Greg Medcraft
经济合作与发展组织（OECD）金融与企业事务局长
国际证监会组织（IOSCO）前主席
澳大利亚证券和投资委员会（ASIC）前主席

We live in an age of accelerating technological disruption, spurred on by the steady rise in internet adoption, leaps in data capabilities and a global economy that has never been so interconnected. These advances are bringing great benefit to business and consumers alike, but are also testing the boundaries of global markets and regulation. Nowhere is this more the case than China.

Blockchain and distributed ledger technology （DLT）more widely are perhaps the most disruptive — and promising — emerging technologies to impact capital markets. Blockchain's distributed nature, combined with cryptology and network protocols, make it a powerful tool to build trusted platforms to facilitate financial transactions.

If used well, blockchain and DLT could dramatically reduce the number of intermediaries within the capital markets system, which means increased efficiency and reduced costs. It has the potential to improve transparency and traceability, increase security and privacy, and improve access to markets and financing. It is set to fundamentally change the world's capital markets for the better.

Understanding the technology and its ramifications will be critical for industry and governments alike. *Blockchain: Capital Market Infrastructure's Prudent Path Forward* is a valuable resource to this end. It explores the blockchain's opportunities and challenges, what the technology can and can't do, recent developments in the capital markets space, and considers the blockchain's future applications and long-term potential in capital markets.

Blockchain's full potential — in capital markets and elsewhere — will only be realized through a collaborative approach between all stakeholders, from policymakers and regulators, to industry, academics and investors. This book will assist in bringing together perspectives and informing discussion and debate.

The case-study of the Australian Securities Exchange （ASX） blockchain-based clearing and settlement platform contained in these pages is particularly illustrative. The platform will operate on a secure permissioned private network and provide more efficient clearing, settlement and other post-trade services. The initiative was supported by the Australian Securities and Investments Commission during my time as its chair. Stakeholder consultation identified 50 new business requirements, including account structures and information; pre-settlement; settlement; and corporate action processes. Of course, the system will need to meet high requirements in availability, resilience, recoverability, performance, scalability and security before it launches around 2020. But it is already much stronger and well-positioned to do so thanks to a wide, collaborative effort.

Blockchain and DLT are not without their own risks and challenges, particular in the financial context. Blockchain applications in finance are presenting new issues around market integrity and investor protection, cybersecurity, privacy, taxation, financial accounting and anti-money laundering.

As a global policymaker and former regulator, I see it as crucial that governments take a pro-active and forward looking approach to new technologies, and work with stakeholders to harness opportunities, meet the challenges and address the potential for misuse. We need to find a balance in our policy settings that appropriately mitigates risk, while being open to innovation and positive disruption.

We also need to work together internationally. Just as capital markets are global and interconnected, so too are the issues presented by blockchain and DLT. Governments, regulators and industry must coordinate and cooperate to avoid regulatory fragmentation, curb incentives for regulatory arbitrage, and spread best practice approaches.

The OECD is already considering the impact of blockchain and DLT on capital markets. We have led the way internationally in identifying and exploring many of the issues mentioned above, with particular reference to emerging digital financial assets like cryptocurrencies and tokens issued for capital raising.

Importantly, the OECD is using its convening power to help governments work together, bring in the voices of industry, entrepreneurs and researchers, and bring together other international standard setting bodies. I have little doubt that blockchain will move from an emerging to a transformative technology. The OECD is here to ensure that this process is a collaborative one.

Greg Medcraft

Director for Financial and Enterprise Affairs, OECD

Former Chairman of the Board, IOSCO

Former Chairman of ASIC

　　比特币（Bitcoin）在 2008 年由中本聪通过论文《比特币：一种点对点的电子现金系统》提出，在互联网上实现了去中心化的价值传递。2009 年以来，比特币平台靠着一套写进的机器规则在没有中心机构的监护下运行了 9 年多，不可不谓神奇。近年来，青出于蓝的区块链（Blockchain）逐渐进入公众视野。区块链不仅仅是一个分布式数据库的升级，还可能是对整个人类经济产生深刻影响的社会实验，究其深层次的原因，有两个关键要素：一是去中心化，二是通证经济学（Tokenomics）。凯文·凯利早在 1994 年的《失控》一书就提到网络将给人类社会行为带来不可避免的去中心化——这些行为不是由某个中心主宰而是社区自运行的，换言之，这个去中心化不是简单地作为一种形式上的去中心化，而是一种社会商业治理的新范式，比如在没有传统的公司治理、股权激励的情况下，通过挖矿、博弈等激励合作机制，使得社会商业组织更有效、更完美地运行。人类工业化形成的社会经济生活的中心化，在网络化时代或进化为去中心化的新经济模式。

　　鉴于区块链技术的重要特征之一是共享账本，业界有不少利用区块链技术来提高业务系统运转效率的尝试，比如本书提到的澳大利亚证券交易所（ASX）通过分布式账本技术（DLT）改善结算效率，这是一种改良的路径。同时区块链的核心是利用博弈论和激励设计把分散的和互相不存在信任的人们的经济活动相互结合一起，比如记载着身份、许可、行为历史以及授权的分布式账本，理论上可以让消费者自主掌控数据的前提下参与所有的商业活动，而不再依赖中心化的认证机构。在这个意义上，区块链的去中心化同现有中心化机构的作用存在矛盾，因此，区块链去中心化的落地是一种变革路径，两条路径谁走得更远，只有时间能够给出答案。

30多年来，我国的资本市场依托于计算机和网络技术的进步，取得了长足发展，获得了骄人成绩：发展到今天每日可以容纳万亿交易量的覆盖证券期权和期货的庞大市场，在撮合技术、清算技术、市场监控技术等各方面都处于世界领先地位。可以预期，将区块链的共享账本特性用于资本市场可以在清算、交割等方面提高市场效率和降低市场成本。在去中心化的趋势和实践下，传统的成功的中心化商业模式是否会不断削弱，中介机构何去何从，是行业需要面对的问题。举一个较为极端的例子：期货交易所的核心价格发现和风险管理两大功能，随着区块链技术高处理能力的突破，在一个完全去中心化的网络社区中应该也可以实现。

如果说区块链的到来翻开了新经济的一页，必将影响资本市场，那么从市场监管的角度来看，有一系列问题需要分析应对并加以必要的引导，这些在本书中给出了非常清晰的分析和建议。资本市场需要在紧紧守住不发生系统性风险的前提下大胆探索，借鉴国际上和其他行业的金融科技创新经验，保持行业在金融科技领域的竞争力。同时应该看到，分布式账本提供的不可篡改性给监管提供了一个崭新的工具。区块链技术仍然处于早期，未来的路还有很多的不确定性，但是可以预期，国内外资本市场行业围绕区块链去中心化、共享账本和通证经济学的三大特性的实验一定会开展得更广泛和更深入。

左涛

全球资本市场行业资深区块链咨询师

原香港交易所董事总经理兼中国大陆技术公司总经理

原大连商品交易所首席架构师

原芝加哥商品交易所架构师

　　2015 年，一种名为"区块链"（Blockchain）的分布式数据库技术悄然爬上了媒体的头条。它因比特币的爆红而进入人们的视野，以"去信任""去中心化"的理念抓住了人们的想象力，一跃成为令专家学者寄予厚望的"新经济蓝图"、令创投界人士摩拳擦掌的"新风口"、令广大人民群众不明觉厉的"黑科技"。从学位认证到房产登记，从资产交易到构建自治化的智能社会，各种各样的区块链应用项目如雨后春笋般蓬勃兴起——一场"将改变我们生活方方面面的革命"已经汹涌而至。

　　作为金融从业者，笔者一直密切关注着科技进步为金融业带来的新变化。交易、登记、存管、清算、交收等资本市场基础设施领域已经被境内外公认为区块链技术最具潜力的应用场景之一，"颠覆"与"革命"一时间不绝于耳。很多人预言区块链技术将彻底重塑资本市场的信任基础，颠覆传统金融基础设施的地位及传统的资产交易结算方式，极大地推动资本市场的现代化、智能化进程，资本市场的利益格局也将随之进行洗牌。这让区块链技术一跃成为当今金融科技（Fintech）浪潮的宠儿。

笔者为不断涌现的区块链应用探索兴奋的同时，也为新旧交融过程中难以避免的各种不确定性感到担忧：以"去中心化"为根的区块链和以"中心化"为本的资本市场能否和谐共存？区块链的处理能力是否可以满足资本市场的业务需要？怎样的区块链设计更符合资本市场的实际情况？境外的区块链棋局如何落子，我国资本市场的区块链道路又该怎么走？区块链是不是资本市场基础设施必然的未来？

这一连串的疑问，正是我们这本小书的起点。本书不是未来指南，也不是技术手册，而是聚焦于资本市场的务实探讨。我们希望立足多年的资本市场从业经验，结合对当下境内外理论成果和应用实践的深入梳理和分析，为资本市场特别是我国市场应用区块链技术这一事关亿万参与者及亿万资产的重大课题提供一个初步思考。

由于笔者水平有限，文中难免有粗陋之处，望各界专家、同仁不吝赐教。另外，在当今科技与金融加速融合的大势下，区块链和资本市场都处于不断发展演变当中，书中谈到的一些问题未来可能随着技术进步或者制度变革得到解决，笔者也会对此持续关注。

需要特别说明的是，我们坚决拥护国家关于防范违法代币发行融资、虚拟货币、区块链风险，打击非法金融活动的方针政策。本书内容不代表作者所在单位观点，也不构成任何投资建议。

本书的问世离不开各位领导、同事的支持和帮助。特别感谢国际证监会组织前主席 Greg Medcraft 先生、中国证券登记结算有限责任公司总经理戴文华博士、中国社会科学院金融所所长助理杨涛教授、原香港交易所董事总经理左涛先生和世界经济论坛未来区块链理事会理事朱晋郦女士拨冗为本书撰写序跋并对初稿提出宝贵意见，特别感谢清华大学国家金融研究院院长、国际货币基金组织前副总裁朱民教授倾情推荐。感谢 Julie Ansidei 女士、鲍伟先生、Antoine Bargas 先生、Werner Bijkerk 先生、陈莉女士、邓玥女士、Alp Eroglu 先生、Oliver Garret Jones 先生、刘海涛先生、刘少君先生、Johan Pretorius 先生、Cliff Richards 先生、Matthew Saal 先生、Charlie Shin 先生、Paul Symons 先生、汪有为先生、吴青女士、姚耀先生、于智博先生、赵刚先生、张翀先生、张汉玉女士在笔者工作期间以及本书撰写过程中给予的帮助。

二〇一八年六月于北京金融街

第1章

去中心化区块链
横空出世

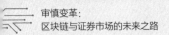

没听说过区块链？先看看下面这几则新闻：

- 2015 年 9 月 15 日，区块链开发联盟 R3 正式成立，创始成员包括巴克莱、瑞士信贷、高盛、摩根大通、苏格兰皇家银行、道富银行、瑞银集团、澳大利亚联邦银行和西班牙毕尔巴鄂比斯开银行 9 家全球知名的金融机构。

- 2015 年 10 月 27 日，纳斯达克在美国拉斯维加斯发布了区块链平台 Nasdaq Linq，利用数字账本技术完成非上市公司股权的发行以及交易登记。

- 2015 年 12 月 15 日，著名科技杂志《连线》网站（Wired.com）报道，美国证券交易委员会（SEC）批准美国线上零售商 Overstock 利用区块链技术在互联网上发行证券。

- 2016 年 2 月 16 日，日本交易所集团（JPX）在其官网宣布，正在与 IBM（日本）公司合作进行区块链技术概念验证测试。

- 2016 年 3 月 29 日，美国商品期货交易委员会（CFTC）委员 J. Christopher Giancarlo 在一场区块链技术研讨会上发言表示，区块链技术原本可以挽救雷曼兄弟。

- 2016 年 4 月 30 日，基于区块链的去中心化自治组织 The DAO 正式开始募资。The DAO 是史上规模最大的众筹项目。

- 2016 年 5 月 24 日，中国平安保险（集团）股份有限公司宣布正式加入 R3 联盟，成为中国首家加入该联盟的金融机构。

- 2017 年 12 月 7 日，澳大利亚证券交易所（ASX）正式宣布将采用区块链技术开发新一代证券结算系统。

　　让这么多金融巨头争先恐后入坑的区块链，到底是什么？

　　区块链本质上是一种分布式的数据库。它的英文学名 blockchain 是由"block"和"chain"两个独立的单词组成，我们可以将其简单地理解为由许多"区块"（block）组成的一条"链"（chain）。它的功能就是将一定数量的数据打包并加盖时间戳成为"区块"，然后利用加密算法在每一个区块中加入一个指向前一个区块的"链接"，从而形成一条环环相扣的数据"链"。

　　基于去信任（也就是"去掉信任"）思路的分布式组织形式是区块链独树一帜的一大特征。传统数据库主要采用集中式架构，基于中心节点对数据库集中管理维护。相比之下，区块链网络中的各个节点既是数据的生产者，也是数据库的维护者；既是网络的使用者，也是网络的管理者。这里不仅没有扮演权威角色的中央管理者，你甚至可以在这个网络中与匿名的陌生人安全地达成交易，这正是区块链的奇异之处！

　　区块链究竟是如何诞生的，又是怎样运行的？关于区块链的故事，还要从它的起源——比特币——说起。

1.1 起源：比特币

"比特币：一个创新的支付网络，一种全新的货币。"[1] 比特币[2] 官网首页上的这句话很好地总结了比特币的性质。

作为一种虚拟货币，比特币与国内用户熟悉的 Q 币有很多共性：比如两者都不是由政府发行的法定货币；两者都完全以电子形式存在而没有实体；在一些国家两者都可以按照一定兑换比例用法定货币换取，并且也可以用作支付手段购买商品或者服务。

但是，比特币又具有与 Q 币等其他虚拟货币截然不同的特点，最主要的区别体现在，比特币是一种"去中心化""去信任化"的电子货币：其一，比特币不存在负责货币发行的中央机构，比特币的发行采取的是系统按照预设规则直接奖励给满足一定要求的用户的形式，并且比特币总量有预设的上限；其二，比特币网络的总账（即所有比特币用户的交易情况和持有比特币数量记录）

---

[1] 原文为"Bitcoin is an innovative payment network and a new kind of money"，参见：https://bitcoin.org/en/。

[2] 根据习惯法，Bitcoin 是比特币作为一种货币的英文名称，而小写的 bitcoin 则指的是作为一种电子货币系统的比特币和其运行的网络。

也不是由中央机构记录维护的，而是由全网用户按照一定规则通过竞争完成的，并且所有交易记录都是公开、可查询的。

相比于任何当代货币形式，比特币交易具有防伪、便捷等优良特性，这一切都要归功于其底层技术的里程碑式创新：区块链。

1. 比特币的诞生与发展

2008 年 10 月 31 日，一个名为"中本聪"（Satoshi Nakamoto）的用户在密码学邮件组中发布了这样一条消息 [1]。

比特币 P2P 电子现金报告

最近我在尝试建立一个完全点对点、不存在可信第三方的全新电子现金系统。

报告参见：*http://www.bitcoin.org/bitcoin.pdf*

系统主要特征有：

- 利用点对点网络避免双重支付
- 不存在造币厂或者其他可信第三方
- 参与者可以匿名
- 通过与 *Hashcash* 类似的工作证明制造新币
- 用于生产新币的工作量证明同时帮助网络防止双重支付

比特币：一种点对点的电子现金系统

摘要：纯粹的点对点电子现金系统可以使网上支付无须经过

---

[1] www.metzdowd.com/pipermail/cryptography/2008-October/014810.html。

金融机构便可直接由一方发送给另一方。虽然电子签名提供了部分解决方案，但是如果必须利用可信第三方才能避免双重支付，那么电子现金系统就失去了意义。我们在此提出一种利用点对点网络应对双重支付问题的解决方案。网络利用哈希算法给交易加盖时间戳，并记入不断延长的基于哈希值的工作量证明链，形成的记录除非重做工作量证明，否则无法改变。最长的链不仅可以作为见证事件发生次序的证明，也表明它来自最大的 CPU 算力池。只要诚实的节点控制网络中的多数 CPU 算力，它们就可以产生最长的链，使攻击者没有可乘之机。网络本身的架构要求非常简单。网络中的消息按照最大努力原则进行广播，节点可以自由选择离开和重新加入网络，并将最长的工作量证明链作为它们离开网络期间发生情况的证明。

——中本聪

这条消息发布后引起了密码学邮件组成员的关注，很多群组成员对中本聪的想法进行了评论或者提出了自己的疑问。群组邮件记录显示，中本聪从 2008 年 11 月 2 日到 11 月 14 日又发了 14 封邮件解答各种疑问。不过除此之外，中本聪的白皮书没有引起太大反响，技术圈以外的普罗大众更是对仍在萌芽中的比特币一无所知。

几个月之后的 2009 年 1 月 9 日，中本聪再次现身密码学邮件组，宣布了比特币正式上线的消息①。

① Satoshi Nakamoto, "Bitcoin v0.1 released", Satoshi Nakamoto Institute, http://satoshi.nakamotoinstitute.org/emails/cryptography/16/。

比特币 0.1 版本发布

我在此宣布比特币——一种使用点对点网络避免双重支付的全新电子现金系统正式发布。此系统完全去中心化,没有任何服务器或者中心化权威机构。

截图可登录 bitcoin.org 查看。

下载链接:

http://downloads.sourceforge.net/bitcoin/bitcoin-0.1.0.rar

目前仅提供 Windows 版本。加入了开源 C++ 代码。

- 解压文件到目录
- 运行 BITCOIN.EXE 软件
- 软件自动连接到其他节点

如果您可以保持节点运行并接受接入请求,对于网络来说将是很大的帮助。防火墙 8333 端口需要打开以接收接入请求。

软件目前仍处于测试阶段。虽然我已经尽力内嵌可扩展性和版本管理,但无法保证系统不会在必要时候必须重启。

您可以通过他人转送的方式获得比特币,或者打开"选项→生成比特币"运行节点并生成比特币。我将系统初始阶段的工作量证明难度设定得十分简单,因此在未来一段时间内,一般的家用电脑在几个小时内就可以生成比特币。当竞争导致系统自动调高难度之后,生成比特币将变得困难得多。生成的比特币必须等待 120 个区块后才可以用于支付。

发送比特币有两种方式。如果接收人在线,您可以输入对方的 IP 地址，系统会自动连接，获取新的公钥，然后就可以发送比特币并附言。如果接收人不在线，可以将比特币发送到对方的比特币地址，也就是对方给你的公钥的哈希值，对方将于下次连接系统并接收这笔交易所在的区块时收到这笔交易。这种方式的缺点是无法附言，并且如果对方的地址使用了多次，可能造成一定程度上的隐私受损；但是如果双方无法同时在线或者接收人无法接收接入请求，那么第二种方法仍是十分有用的替代方案。

总发行量为 21 000 000 枚比特币。它们将奖励给制造区块的网络节点，奖励比特币数量每四年减半一次。

第一个四年：10 500 000 枚比特币

接下来四年：5 250 000 枚比特币

接下来四年：2 625 000 枚比特币

接下来四年：1 312 500 枚比特币

依此类推……

全部比特币以这种方式奖励完毕之后，系统可以支持必要的交易手续费。系统基于公开市场竞争，因此应该总会有节点愿意收取一定手续费处理交易。

——中本聪

这条消息发布的当天，中本聪完成了比特币的首次工作量证明任务并获得了系统奖励的 50 个比特币。3 天后的 2009 年 1 月 12 日，中本聪向比特币系统最早参与者之一 Hal Finney 发送了 10 个比特币[①]，完成了世界上首笔比特币交易。

图 1-1　比特币标志

来源："Promotional Graphics"，Bitcoin Wiki

作为一种新生的虚拟货币，比特币在诞生之后很长一段时间一直是技术极客圈子里的小众玩意儿。作为一种新型的货币，比特币的市场价值从 2009 年 1 月问世到 2010 年 8 月中旬一直是零[②]，比特币网络的交易数量也长期维持在很低的水平[③]。但是有趣的是，目前有记录的首笔以比特币支付的商品购买行为也发生在这一时期：2010 年 5 月 18 日，住在美国佛罗里达州的比特币用户 Laszlo Hanyecz 在比特币论坛上发帖询问是否有人愿意以 1 万枚比特币的价格卖给他两张大号比萨饼，并详细描述了自己的口味喜好。5 月 22 日，Laszlo 在自己的帖子下面留言表示已经与另一位比特币用户 Jercos 达成交易，用 1 万枚比特币换得了两张棒约翰（Papa John's）的比萨饼[④]。

---

① Andrea Peterson，"Hal Finney received the first Bitcoin transaction. Here's how he describes it."，The Washington Post，https://www.washingtonpost.com/news/the-switch/wp/2014/01/03/hal-finney-received-the-first-bitcoin-transaction-heres-how-he-describes-it/。
② Blockchain.info，"Market Price (USD)"，https://blockchain.info/en/charts/market-price?timespan=all。
③ Blockchain.info，"Confirmed Transactions Per Day"，https://blockchain.info/en/charts/n-transactions?timespan=all。
④ Laszlo 宣布交易成功之后的第一条留言恰如其分地总结了这笔交易的意义："恭喜 laszlo，一个伟大的里程碑达成了。"Bitcoin Forum，"Pizza for bitcoins?"，https://bitcointalk.org/index.php?topic=137.msg1195#msg1195。

"比特币之父"中本聪于 2010 年 12 月 12 日最后一次在比特币论坛中发言后便"人间蒸发"了，此后比特币网络的日常维护也转交志愿者团队负责，达成首笔实物购买支付里程碑的比特币这时进入了野蛮生长的阶段。随着用户数量的增加和应用场景的扩展，比特币价格不断攀升，并于 2013 年 4 月 9 日站上每一枚比特币兑换 238 美元的新高点[①]。但与此同时，比特币网络的扩展推动了比特币价格的上涨和应用范围的扩大，比特币的匿名性也使它遭受到"成长的烦恼"。笃信自由主义经济学的美国青年 Ross Ulbricht 被比特币的特性深深吸引，将其视为维护个人自由的绝佳工具，并最终于 2011 年 2 月推出了他亲手编程建立的线上交易网站"丝绸之路"，网站上的全部交易支付都用比特币完成[②]。皇天不负有心人，Ulbricht 的努力在商业上取得了巨大的成功。据统计，从 2011 年 2 月 6 日到 2013 年 7 月 23 日，丝绸之路全站销售总营业额和网站佣金总收入分别超过 950 万和 60 万个比特币，按照当时的市价分别约合 12 亿美元和 8 000 万美元[③]。但是这个实力和情怀兼具的励志创业故事有一个致命的问题：丝绸之路上出售的商品有 70% 是毒品，其他商品包括武器、枪支、儿童色情、失窃信用卡，更有人在丝绸之路上兜售"刺杀服务"。2013 年

---

① Blockchain.info, "Market Price (USD)", https://blockchain.info/en/charts/market-price?timespan=all。

② 关于 Ross Ulbricht 的故事，可以参见 Eric Geissinger, *Virtual Billions: The Genius, the Drug Lord, and the Ivy League Twins behind the Rise of Bitcoin*, Prometheus Books (2016)。

③ United States District Court Southern District of New York, "Sealed Verified Complaint: United States of America v. Ross William Ulbricht", https://info.publicintelligence.net/SilkRoadForfeiture.pdf。

10 月，Ulbricht 被美国联邦调查局突袭逮捕，并被法院以洗钱、贩毒等多项罪名判处终身监禁，丝绸之路网站也随之被美国政府关闭。

祸不单行。虽然随着市场对比特币需求的增加，比特币的市价在 2013 年 10 月开始迅速攀升，并于 2013 年 12 月 4 日达到 1 151 美元的历史高点，但 2014 年初开始的比特币交易所 Mt. Gox 的破产风波将比特币推入最艰难的时期。比特币交易所是比特币与法定货币兑换的场所，用户可以向其在比特币交易所开立的账户中存入比特币或者法定货币，并进行比特币与法定货币的兑换交易。比特币交易所本身不属于比特币网络的一部分，但它是将比特币与法定货币联系起来的重要渠道，极大地推动了比特币的发展和普及。Mt. Gox 是由下载工具电驴的创作者 Jed McCaleb 在 2006 年创建的一个网上交易所，其最初目的是供《魔牌 Online》（*Magic: The Gathering Online*）的玩家们交换卡牌，2010 年 7 月经过 McCaleb 修改后作为一家比特币交易所重新上线。到 2013 年 4 月，Mt. Gox 处理的比特币与法定货币的交易量已经占到全球比特币兑换的 70%，成为世界上最大的比特币交易所。随着比特币价格的飙升，Mt. Gox 掌握的比特币价值水涨船高，问题也随之而来。2013 年 6 月 20 日，Mt. Gox 宣布暂停美元取款。虽然随后 Mt. Gox 方面恢复了美元取款，但大量用户反馈美元取款速度十分缓慢。2014 年 2 月 25 日，Mt. Gox 官网宣布"暂时停止全部交易"，并于 2 月 28 日在其注册地东京申请破产。Mt. Gox 发布的新闻稿称，该交易所丢失了大约 75 万个属于用户的比特币以及大约 1 万个自有比特币，按照当时价格计算总价值约为 4.7 亿美元，而比特币丢失的原因"很有可能是黑客盗窃"[①]。市场对于比特币安全性的信心经过此事后开始动摇，比特币的价格也随之开始了漫长的下跌，到 2015 年 1 月重回 200 美元以下[②]。

塞翁失马，焉知非福。丝绸之路和 Mt. Gox 的失败宣告了野蛮生长时代的结束，比特币非但没有被击倒，反而在有识之士的推动下逐步进入理性发展的"正轨"。支持比特币监管的人士中，最值得一提的便是曾与 Facebook 创始人扎克伯格对簿公堂的 Winklevoss 兄弟。这对先后就读于哈佛大学和牛津大学的孪生兄弟在 2010 年开始接触比特币。他们在阅读了中本聪的白皮书之后为比特币的广阔前景所吸引，不仅开始大量购买比特币，并在 2012 年成立了投资于比特币资产的信托基金。2014 年 1 月 28 日，Winklevoss 兄弟在纽约州金融服务局举行的"虚拟货币"听证会上明确表示支持"比特执照"（BitLicense）的概念，即按照监管现有其他交易所的方式对比特币交易所进行监管。2015 年 10 月 8 日，Winklevoss 兄弟创立的双子星交易所（Gemini）[③]在获得纽约州金融服务局的牌照之后正式开始营业，成为世界上第一家获得监管机构发牌的虚拟货币交易所[④]。比特币逐渐迎来新的

[①]　Carter Dougherty, Grace Huang, "Mt. Gox Seeks Bankruptcy After \$480 Million Bitcoin Loss", Bloomberg News, https://www.bloomberg.com/news/articles/2014-02-28/mt-gox-exchange-files-for-bankruptcy。

[②]　Blockchain.info, "Market Price (USD)", https://blockchain.info/en/charts/market-price?timespan=al。

[③]　官方网址：https://Gemini.com。

[④]　Tabish Faraz, "Winklevoss Twins Announce Launch of Bitcoin Exchange Gemini", CoinReport, https://coinreport.net/winklevoss-twins-announce-launch-of-bitcoin-exchange-gemini/。另见 Eric Geissinger, *Virtual Billions: The Genius, the Drug Lord, and the Ivy League Twins behind the Rise of Bitcoin*, Prometheus Books (2016)。

发展阶段，而随比特币一起诞生的区块链开始成为人们关注的焦点。

2. 比特币区块链

比特币的伟大之处仅仅在于它创造了一种新的货币吗？

没那么简单！一种货币诞生仅仅只是一个开始，真正赋予货币生命的是支撑其运行的制度设计和基础设施。货币作为一种支付中介手段，从诞生的那天起就面临着各种运营方面的问题和挑战：金银自身价值最高，是"天生的货币"，但使用不便；金属铸币使用起来较金银方便，但仍不适合异地大宗交易；银票和纸币便于携带，但防伪成本高企；网上银行电子转账方便快捷，但网络安全成为突出问题。纵观古今，货币的形式随着技术的发展呈现出"脱实向虚"的趋势，但对运营和维护的要求也越来越高。

数字货币（digital currency）不仅不能躲过前代货币的老问题，更面临着数字货币特有的新挑战。正如 Andreas Antonopoulos 指出①的，任何数字货币都面临着两个基本的问题：一是防伪问题，也就是如何防止以代码形式存在、可以零成本简单复制的电子货币不会被别有用心的人伪造；二是双重支付问题（double-spend，又称双花问题），也就是如何防止同一笔电子货币被多次支付

<hr>

① Andreas Antonopoulos, *Mastering Bitcoin: Unlocking Digital Cryptocurrencies*, O'Reilly (2014), p2。

使用[①]。

实际上，比特币并非创建数字货币的首次尝试。自从互联网兴起以来，曾有过多次创造"方便使用、可追踪、不受政府和银行审查"的数字货币的努力，但无论是 20 世纪 90 年代早期 David Chaum 的 Ecash，还是戴伟（Wei Dai）和尼克·萨博（Nick Szabo）先后提出的 b-money 和 Bitgold，最终都以失败告终[②]。为何比特币作为数字货币界的"后起之秀"得以脱颖而出？它又是如何解决伪造和双花问题的呢？这一切问题的答案都在于比特币的区块链。

（1）区块链是什么

虽然中本聪的比特币白皮书以区块链为基础描述了比特币的运行机制，但全文中并未出现一处"blockchain"或者"block chain"的字眼，因此我们无法得知中本聪本人对于区块链的定义。区块链理论家 Melanie Swan 在《区块链：新经济蓝图》中将区块链定义为"记录历史上执行过的全部比特币交易的公共账本"[③]；而 Andreas Antonopoulos 将区块链简单描述为"一系列经过验证的

---

① 双花问题可这样通俗地理解：一封电子邮件可以同时发给两个人，两个人收到的电子邮件内容、时间完全相同，这就产生了"双花问题"。所谓防止双花，就是只允许同一封电子邮件在不同的人手中传递，而不能复制和留存。Q 币等无加密虚拟货币是存在双花问题的，因为理论上可通过修改程序代码能使一枚虚拟货币同时支付给多个用户而不会在账户上扣减。

② Benjamin Wallace, "The Rise and Fall of Bitcoin", Wired, https://www.wired.com/2011/11/mf_bitcoin/; 另见长铗、韩锋等，《区块链：从数字货币到信用社会》，第 3—8 页，中信出版社（2016）。

③ Melanie Swan, *Blockchain: Blueprint for A New Economy*, O'Reilly (2015), Preface, pX.

区块，每个都与前一个相连，一直到创世区块"[①]。这两个概念虽然不缺乏权威性，但毕竟还是不够明了。于是，一连串问题来了。

区块是什么？

"区块"就是中本聪在白皮书里反复提到的"block"。按照 Andreas Antonopoulos 给出的定义，一个区块简单来说就是一组比特币交易的集合。我们可以形象地将区块理解为一个方方正正的文件盒，里面装着许多份比特币交易的合同记录。

每个区块都主要由两个要素构成：一个是"交易"（transactions），相当于文件盒里装着的一份一份的比特币交易合同；另一个称为"标头"（header），记录着各种与这个区块性质有关的元数据[②]，相当于文件盒封面上贴着的索引目录标签。

虽然比特币网络中的一个"block"确实可以形象地理解为一个数据"块"，那么为什么将"block"翻译为"区块"呢？这大概只能用"先入为主、约定俗成"来解释了[③]——毕竟，主流线上翻译软件对于"block"这个词给出的前两个解释分别是"街区"和"块"。

区块里记录的交易长什么样？

首先需要明确一个最基本的概念：比特币区块链记载的是交易记录，而不是余额状态。什么意思呢？我们熟悉的网上银行账户，登录后首先显示的是账户存款的"余额状态"，我们单击"交

---

① Andreas Antonopoulos, *Mastering Bitcoin: Unlocking Digital Cryptocurrencies*, O'Reilly (2014), p xix。

② 亦即"有关其他数据的数据"。参见 Merriam-Webster Dictionary, https://www.merriam-webster.com/dictionary/metadata。

③ 巴比特论坛曾经举办过"blockchain"中文译名的投票活动，得票最高的仍然是目前通用的"区块链"。巴比特，"【首批翻译】BlockChain 中文译名初选投票"，8btc.com/thread-27680-1-1.html。

易查询"按钮之后才能看到"历史交易记录"。相反，比特币区块链就是一大本"流水账"：登录 blockchain.info 之类的区块链查询网站之后只能看到比特币自创立至今的全部交易记录，而不能看到任何使用者持有的比特币余额。

　　另一个重要的概念叫作"UTXO"，全称"unspent transaction output"，中文字面翻译即"未花费交易产出"。UTXO 是比特币的一种转账支付手段，其"交易产出"实际上也就是转到另外一个比特币地址上的比特币，而"未花费交易产出"顾名思义也就是用户通过交易获得的并且还没有支付出去的比特币，相当于你银行账户中的部分可用资金。UTXO 是比特币交易的基本组成要素，用户持有的比特币基本上都是以散落在各个地址中的 UTXO 形式存在于比特币区块链中，通过比特币交易支付给其他用户的也都是其所持有的 UTXO[①]。

　　既然区块只记交易不记状态，我怎么查看自己比特币账户的余额呢？

　　细心的读者可能已经发现，前面的介绍中并没有提到比特币

---

① 　UTXO 在比特币交易中的基础作用是通过"交易输入"（Transaction Inputs，简称 TxIn）和"交易产出"（Transaction Outputs，简称 TxOut）体现的。每个区块平均记录着 500 笔交易，而这些交易记录基本都是由 TxIn 和 TxOut 组成的。TxIn 就是一笔比特币交易消耗的付款方的 UTXO，TxOut 就是一笔比特币交易中收款方收到的新的 UTXO。另外，虽然 UTXO 可以是任意金额，但用户从比特币中获得的 UTXO 是不可以再次分割的；如果 UTXO 的金额大于需要支付的金额，只能由系统生成一个新的零钱 UTXO 返回到付款方账户的方式来解决。假设老王只有一个 10 比特币的 UTXO，如果他要向朋友老李支付 1 比特币（没有手续费），那么他也必须把整个 10 比特币的 UTXO 作为 TxIn 转出，然后由系统生成一个 1 比特币的 TxOut 付给老李，以及一个 9 比特币的 TxOut（也就是一个新的价值 9 个）转回老王的账户。

"账户"的字眼。实际上，比特币是没有"账户"这个概念的。比特币系统中与确定比特币权属相关的概念有三个：私钥（private key）、公钥（public key）、地址（address）。

私钥本质上是一个随机生成的字符串（通常是 256 位）。私钥是用户控制其所拥有比特币的保险，在功能上相当于银行账户的密码。比特币交易中，付款用户必须用自己的私钥对交易签名。由于比特币系统中没有银行这样控制和管理用户账户的中心化机构，一旦用户丢失或者忘记私钥，实际上就意味着用户永久丢失了私钥对应的比特币。

公钥与私钥对应，顾名思义是"可以公开的密钥"。公钥是以私钥为基础，利用椭圆曲线加密算法（elliptic curve cryptography，简称 ECC）计算得出的一个字符串。ECC 是一种基于椭圆曲线数学的加密算法。ECC 算法的具体原理我们在此不做过多介绍，唯一需要说明的是，这种算法是条"单行道"。换句话说，就是正向推算较为简单，逆向反推极其困难。也就是说，在生成私钥之后，可以在较短时间内利用 ECC 生成公钥；但如果知道公钥想反推私钥，则几乎是"不可能完成的任务"。

虽然公钥在功能上相当于银行账户号码，但实际比特币交易中使用的是用户的比特币地址。比特币地址通常是以公钥为基础，利用哈希算法（hash algorithm）计算以及进一步处理得出的。哈希算法不仅难以逆推，而且不同源数据经过哈希算法运算后所得的结果（称为源数据的"哈希值"）除了长度相等之外肯定不会相同——即便源数据仅差一字，哈希值也可能会有天壤之别。举个例子："Hello, world!0"的哈希值是"1312af178c253f84028d48

0a6adc1e25e81caa44c749ec81976192e2ec934c64"，而仅改动一字
之后的"Hello, world!1"的哈希值就变成了"e9afc424b79e4f6ab42
d99c81156d3a17228d6e1eef4139be78e948a9332a7d8"。

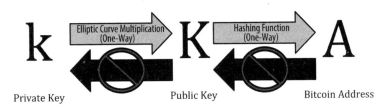

图 1-2　私钥、公钥、比特币地址

来源：Andreas M. Antonopoulos (2015), O'Reilly

比特币对于一个用户生成密钥对（公钥＋私钥）的数量没有
限制，因此一个普通比特币使用者理论上可以拥有无数组密钥对
以及同等数量的比特币地址。这时，比特币钱包就成为管理比特
币的利器。比特币钱包虽然名为"钱包"，但装的不是比特币，
而是比特币用户所拥有的密钥对。比特币钱包存在手机应用、PC
软件、硬件设备等多种形式，也可以直接在网页打开使用。此外，
有软件可以读取比特币地址并自动检索区块链，帮助比特币用户
便捷地获取自己比特币钱包中的比特币余额。

区块是怎样产生的？

比特币网络中，大约每 10 分钟产生一个新的区块。作为记录
已确认交易的容器，区块产生的过程就是比特币交易记账并生效
的过程。既然比特币是一种分布式的点对点支付网络，并且不存
在银行之类的中心化记账机构，那么比特币网络中发生的交易只
能由网络的参与者自行完成记账。但问题是采取怎样的记账机制，

才能既维持整个系统账本的统一性（避免同一个支付系统中出现若干不同版本账本的混乱），又能保证账本的准确性（避免账本被篡改）呢？中本聪给出的答案是：大约每 10 分钟举行一场难度大、成本高的竞赛，选出新区块的生产者。

这种竞赛学名"工作量证明"（Proof of Work，简称 PoW），俗称"挖矿"（mining），简单来说，就是所有参与记账权竞争的网络用户（这里称为"节点"）一起计算一道做起来十分复杂但很容易判断对错的数学题，谁算得最快最准谁就可以获得记账权，争夺记账权的记账节点俗称"矿工"。比赛正式开始前，参与挖矿的节点需要首先完成以下准备工作。

- 收集交易：每一笔比特币交易发起后都会向全网进行广播，各节点对新发起的交易完成验证（主要是将付款方支付的 TxIn 与各节点本地存储的最新全网 UTXO 清单进行比对，确认付款方没有双重支付）。验证无误的交易随后被转入节点的"交易池"（transaction pool，亦称 memory pool），等待着被加入区块。

- 制作区块：挖矿节点需要将本节点交易池中没有被纳入此前区块的交易装入新的区块。这个区块还没有经过正式的确认和认证，因此被称为"候选块"（candidate block）。

- 制作标头：标头制作类似于填写文件盒封面的标签，最主要的包括两个环节。第一个环节是加盖时间戳，这主要是为了在区块上留下区块生成时间的记录，证明区块中所包

含的交易在特定时间确确实实地存在[①]。第二个环节就是
生成本区块中所包含交易的摘要。区块链系统中，每笔交
易的摘要就是它的哈希值。但是一个区块最多可以装入大
约 500 笔交易，在标头中一口气列出 500 条哈希值也还是
太过烦琐了。因此中本聪借鉴此前的研究成果，采用了默
克尔树（Merkle Tree）的结构解决了这个问题：将全部
交易的哈希值两两结合算出哈希值，如此层层递进，直到
得出一个默克尔树的根（root），并以此作为全部交易的
摘要。

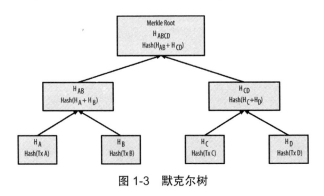

图 1-3　默克尔树

来源：Andreas M. Antonopoulos (2015), O'Reilly

准备工作完成之后，比赛就正式开始了。参赛的各节点面临
的是这样一个问题：区块标头中有一个随机数值（nonce）X，可

---

① 所谓"时间戳"实际上是表示区块生成时距离格林尼治时间 1970 年 1 月 1
日午夜的总秒数。例如，格林尼治时间 2013 年 12 月 27 日晚上 23:11:54 生成
的区块的时间戳就是"1388185914"。Andreas Antonopoulos, *Mastering Bitcoin:
Unlocking Digital Cryptocurrencies*, O'Reilly (2014), p 188。

以使标头的哈希值以常数 A 个数字 0 开头，求随机数值 X。由于哈希算法"神龙见首不见尾"的特性，此类逆推问题没有任何规律可循，也没有抄近路的简便算法，只能通过所谓"暴力破解"的方式，逐一尝试各种可能性，直到寻找到最终的答案。具体到区块链的挖矿，挖矿节点必须反复计算标头哈希值，直到找到符合条件的随机数值。这项工作需要节点完成大量的计算，并且比特币网络会定期调高 PoW 问题的难度。

当某个挖矿节点成功解出 PoW 问题的答案之后，其制作的区块会向全网发布，在进行简单的哈希计算并确认这个区块满足要求之后，其他节点的挖矿活动会停止，一个新的区块就这样诞生了。

有人可能会问：挖矿的工作如此费时费力，并且难度越来越大，挖矿节点为什么要还要参与呢？为了调动挖矿节点的积极性，中本聪在进行比特币制度设计的时候提供了充足的激励：夺得记账权的节点不仅可以获得其生产的区块中所包含交易的手续费，并且还可以获得系统提供的新发的比特币奖励。

说好的区块链，"链"在哪里呢？

我们可以从两种意义上理解从"区块"到"区块链"的过程：第一重意义是时间上的。每个区块的标头中都含有挖矿节点加盖的时间戳，各个区块按照时间先后顺序依次生成，形成时间记录上的链条。

第二重意义则是各区块之间切实的联系。按照中本聪的设计，每个区块的标头中都包含此前一个区块的标头哈希值，这实际上形成了各区块之间环环相扣的有机联系。

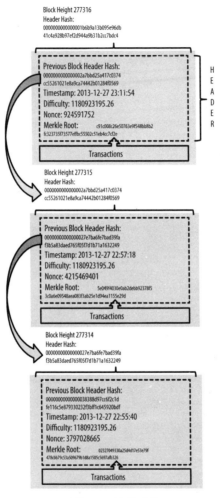

图 1-4　连块成链

来源：Andreas M. Antonopoulos (2015), O'Reilly

所以，比特币网络中只存在一条区块链？

从区块链作为记录交易账本的意义上说，整个区块链网络中只有一份至少为绝大多数网络参与者所认可的账本，亦即一条得到普遍认可的区块链。但系统实际运行当中，可能出现两个挖矿节点同时生成新区块的可能，这时候就会出现一个较早生成的区块后面挂着两个新区块的情况，一般称为区块链的"分叉"（forking）。由于不存在纠正偏差的中心化管理机构，区块链的分叉也只能通过分布的方式来解决，直到网络多数节点认定其中一个分支为"正统"并继续制造新区块。

（2）中本聪的苦心

说了这么多，也许你的心头还是有一个问题萦绕不去：为什么这个中本聪要耗时费力地开发这样一个复杂的支付系统？这项工作的意义何在？

中本聪在比特币白皮书的导言部分对比特币的价值进行了阐述。

互联网商务几乎完全依赖金融机构作为受信任的第三方处理电子支付。虽然现有系统可以较好地处理大多数交易，但仍难以避免此类基于信任的模式固有的弱点。此类系统中基本没有完全不可逆的交易，因为金融机构无法避免地会参与到调解争端的过程中。中介成本的存在提高了交易成本，限制了交易的最小金额，并消灭了日常的小额交易，并且用户无法为不可逆的服务做出不可逆的支付这一事实本身就带来了更大范围上的成本。由于存在逆转的可能性，因此更多人需要依赖和信任。商家必须对他们的顾客保持警惕，不停地逼问他们索取本来不必要的个人信息。一定比例的欺诈行为被认为是可以接受并且难以避免的。使用物理货币当面交易可以避免上述成本和不确定性，但目前尚不存在这样一种机制，让人们可以通过没有受信任参与方的渠道完成支付。

我们需要的是一个基于密码学证明（cryptographic proof）而不是信任的电子支付系统，使任意两方可以在不需要受信任第三方介入的情况下直接进行交易。计算上无法逆转的交易可以保护卖家不受欺诈，而常规的三方保管机制可以便捷地保护买家的利益。[①]

所以，问题在于受信任的中心化机构。本可在买卖双方之间直接完成的付款流程中，加入了银行等受信任中介机构，延长了业务处理的链条，增加了支付处理的成本，使本可大大方便人们生活的小额"微支付"变得非常不便[②]，并导致用户的大量个人信息完全暴露在中介机构的面前。

既然问题在于受信任中介，那就干脆"去中介"。中本聪的比特币网络就是这样一个不存在银行等传统中介机构的分布式系统：网络中发生的转账支付交易全网验证，验证无误的交易由通过 PoW 记账竞赛的优胜者记入区块链，而作为全网总账的区块链则在全网各节点同时备份，类似于每个储户都拥有一份全国银行的总账本！

---

① Satoshi Nakamoto (2008), *Bitcoin: A Peer-to-Peer Electronic Cash System*。
② 欧美国家的中介机构往往会对所谓的"微支付"收取高于普通支付交易的手续费，不过"微支付"的门槛却依各家规定而有所不同。例如，美国一些商家规定消费者使用信用卡或者借记卡消费最低金额是 10 美元；线上支付平台贝宝（PayPal）则规定金额在 12 美元及以下的支付交易为"微交易"（microtransaction），并对微交易收取接近普通交易两倍的费用。参见 Daniel Cawrey，"Bitcoin's Role in the Future of Micropayments"，Coindesk, www.coindesk.com/bitcoins-role-future-micropayments/。

但如果单纯地"去中介",带来的问题一定远远大于收益。"存在即合理",银行等中介机构之所以能长期存在并服务人类社会生活,其根源无外乎"信任"二字:银行作为独立于交易双方之外的第三方机构,受到交易双方的信任并成为帮助双方顺利完成交易的"润滑剂"。虽然以受信任中介为基础的体系存在前述各类问题,但去掉了这个联通双方的桥梁,又会发生什么呢?要么双方因为无法信任对方而彻底停止交易,要么双方分别自行调查对方的履约能力,大费周章地确认对方不会欺诈或者违约之后,再达成交易——似乎哪一种情况都不那么理想。在一个不存在银行的"去中介"世界里,我们该相信谁?

中本聪的答案是:相信科学。基于数学的密码学是比特币最重要的支柱。从公钥、私钥到比特币地址,从区块形成到交易记账,密码学贯穿了比特币区块链的方方面面。中本聪灵活地运用以哈希算法为主的加密算法的独特性质,构建了一个以区块链为基础的看似复杂冗繁、实则环环相扣的体系,使人们可以在互不信任(或者说根本不需要相互信任)的情况下放心地进行交易,并保证了区块链分布式总账的安全。正是密码学这一点睛之笔,将混乱无序的分布式账本变成了比特币区块链这台"信任的机器"①。

中本聪放进比特币区块链第一个区块——所谓"创世区块"(Genesis Block)中的一个"彩蛋"彰显出这位"比特币之父"的良苦用心。中本聪写入创世区块的一段代码,经过解码后证明正

---

① The Economist, "The Trust Machine: How the Technology behind Bitcoin Could Change the World", http://www.economist.com/news/leaders/21677198-technology-behind-bitcoin-could-transform-how-economy-works-trust-machine。

是英国《泰晤士报》2009 年 1 月 3 日的头条新闻标题[①]："财长接近推出第二轮银行紧急救助（Chancellor on Brink of Second Bailout for Banks）"。彼时，全球金融危机正愈演愈烈，"有毒资产"引爆的系统性风险致使金融市场人人自危，随之而来的流动性的枯竭将整个国民经济拖入寒冬，使得时任英国财政大臣的 Alistair Darling 不得不考虑对英国银行业再次注入几十亿英镑以解燃眉之急。"看来银行这个受信中介并没有那么值得我们信任"，中本聪似乎在说。

"Decentralized we stand; in Cryptography we trust"——"分则立，合则穷；信密码，得永生"——这就是比特币区块链的逻辑。

1.2　寻找比特币之父

比特币的创造者中本聪究竟何许人也？这大概是比特币世界中最引人入胜却也最难以破解的谜题。

了解比特币的业内人士普遍认为，中本聪应该精通密码学和编程，并对金融和货币有着深入的思考和认识。此外，从中本聪的白皮书和在论坛中的发言来看，英语应该是他／她的母语。此外，虽然主流观点认为，比特币是中本聪一人的作品，但也有人坚信，

---

① Francois Elliot, Gary Duncan, "Chancellor Alistair Darling on Brink of Second Bailout for Banks", The Times, www.thetimes.co.uk/tto/business/industries/banking/article2160028.ece。

比特币诞生于一群共享"中本
聪"代号的开发者之手。

自从比特币一夜成名之后，
比特币爱好者、业内人士以及
各路媒体就一直试图掀开"中
本聪"的神秘面纱，一探这个
亲手开创了一个新时代的人物
的真面目。但无论是网友爆料

图 1-5　比特币背后的面孔

来源：Leah McGrath Goodman (2014),
Newsweek

的尼克·萨博，还是媒体扒出来的 Dorian Nakamoto，甚至是"投
案自首"的克雷格·莱特，在经历一阵热闹的"脑洞大开"之后，
最终都没有明确的答案，而中本聪的身份也在这一次次的猜测中
变得越发神秘了。

1. 尼克·萨博

尼克·萨博（Nick Szabo）以提出"智能合约"概念著称。这
位精通计算机科学、法学和密码学的"资深学霸"曾于 1998 年提
出了名为"比特金"（bit gold）的分布式电子货币的设计构想。
虽然比特金最终并没有付诸实施，但普遍认为，中本聪在设计比
特币的过程中从萨博的比特金构想中借鉴良多。

2013 年 12 月，博客作者 Skye Grey 发表博文指出，萨博很有
可能就是中本聪 [①]。Grey 给出的理由主要有以下四点。

[①]　Skye Grey，"Satoshi Nakamoto is (probably) Nick Szabo"，https://likeinamirror.
wordpress.com/2013/12/01/satoshi-nakamoto-is-probably-nick-szabo/。

第一，背景相符。中本聪的学术底蕴从他的白皮书中可见一斑，而在中本聪白皮书发表前后，密码学和加密货币仍然是一个只有少数人关注的小圈子，如果有一个人最接近中本聪，那么毫无疑问一定是萨博。

第二，萨博本人博客文章发表时间的调整。Grey 发现，萨博的博客上有两篇有关比特金的文章的发表时间被向后调整至比特币白皮书发表之后。Grey 认为，这大概是因为萨博对这两篇文章的某些内容进行了修改。

第三，比特币白皮书中萨博的失踪。虽然业内普遍将萨博的比特金视为比特币的"前辈"，但奇怪的是，中本聪在白皮书中提及了与比特币并无"直接血缘关系"的 b-money，却对萨博的比特金只字未提，这显然不符合学术礼仪。但如果萨博就是中本聪，这就好解释了。

第四，比特币白皮书的文本分析。这也是 Grey 最有说服力的证据。Grey 在中本聪比特币白皮书的基础上进行了逆向文本分析（reverse textual analysis），寻找互联网上各种文本与中本聪白皮书在语言使用习惯方面的相关性。最终 Grey 发现，萨博的文章的语言风格和一些细微的语言使用与中本聪的白皮书十分接近。

畅销书《数字黄金》（*Digital Gold*）作者、《纽约时报》记者 Nathaniel Popper 也认为萨博就是中本聪。虽然萨博本人曾经亲口向 Popper 辟谣，但 Popper 认为，萨博作为比特金的创造者，不仅曾经为了比特金项目接触过中本聪曾在开发比特币的时候接触过的一些资深开发者，还曾将一篇寻求帮助以便将比特金设想付诸实践的博文的发表日期修改为比特币发布之后，这一切都大大增加了萨博的"嫌疑"。此外，Popper 还援引英国阿斯顿大学 2014 年的研究结论，指出萨博和中本聪二人的写作风格具有"诡异的"相似性 [①]。

另一个有趣的巧合是：尼克・萨博（Nick Szabo）的姓名首字母"N・S"与中本聪（Satoshi Nakamoto）的姓名首字母"S・N"正好相反。尽管如此，萨博本人一直否认自己是中本聪。关于萨博就是中本聪的猜测也慢慢不了了之。

2. Dorian Nakamoto

2014 年 3 月 6 日，美国《新闻周刊》刊登的一篇名为《比特币背后的面孔》[②] 的文章引起了各路关注比特币人士的集体狂热。《新闻周刊》记者 Leah McGrath Goodman 在文中指出，中本聪其实是一位现居加州的日本裔工程师。

这位被指为中本聪本尊的工程师全名"Dorian Prentice Satoshi Nakamoto"，1949 年出生在日本九州别府，1959 年在父母离异后随母亲迁居美国加州，23 岁从加州理工大学物理专业毕业后改名 Dorian Prentice Satoshi Nakamoto，并开始在军工企业从事保密工作。不过，日常生活中仅使用"Dorian S. Nakamoto"的签名。

---

① Nathaniel Popper, "Decoding the Enigma of Satoshi Nakamoto and the Birth of Bitcoin", The New York Times, http://www.nytimes.com/2015/05/17/business/decoding-the-enigma-of-satoshi-nakamoto-and-the-birth-of-bitcoin.html。
② Leah McGrath Goodman, "The Face behind Bitcoin", http://www.newsweek.com/2014/03/14/face-behind-bitcoin-247957.html。

图 1-6　Dorian Nakamoto

来源：Leah McGrath Goodman (2014), Newsweek

　　Goodman 在文章中生动地描述了她是如何费尽周折终于与 Dorian Nakamoto 取得联系，并获准进行采访。Goodman 之所以认为 Dorian Nakamoto 就是中本聪，除了他的名字以及他明显的自由主义倾向之外，还因为 Dorian Nakamoto 在回答 Goodman 关于比特币的问题时说了这样一番话："我现在跟那件事没关系了，也没什么好讲的。那个项目已经转交给别人做了。现在他们在负责。跟我没有任何关系了。"考虑到文章发表时，中本聪确实已经从人们视线消失很久，并且比特币的日常维护已经交由志愿者团队完成，这番话确实令人浮想联翩。

　　文章发表后瞬间引燃了媒体的兴趣：大批媒体记者来到 Dorian Nakamoto 住宅外搭帐篷蹲守，更有多名记者为了获得采访机会不惜在他开车外出时尾随追拍。但是令人大跌眼镜的是，Dorian Nakamoto 在随后接受美联社记者采访时，矢口否认自己就是

比特币创始人 ①，导致《新闻周刊》一时间十分被动 ②。

不过更有趣的是，这场一波三折的肥皂剧最终竟然以中本聪本人的"神补刀"盖棺定论：2014 年 3 月 7 日，中本聪在 P2P Foundation 论坛上的账号"Satoshi Nakamoto"在沉寂许久之后重出江湖，只轻描淡写地说了一句"我不是 Dorian Nakamoto" ③，便再度隐身。

3. 克雷格·莱特

2016 年 5 月 2 日，英国广播公司（BBC）爆出惊人消息：中本聪的真身原来是澳大利亚企业家克雷格·莱特！

根据 BBC 的报道，莱特在接受 BBC、经济学人和 GQ 等三家媒体的采访中，莱特使用被认为属于比特币创始人中本聪的密钥签署了数字信息 ④。不久之后，比特币基金会（Bitcoin Foundation） ⑤

---

① Salvador Rodriguez, "Dorian Satoshi Nakamoto chased by reporters, denies founding Bitcoin", Los Angeles Times, http://www.latimes.com/business/technology/la-fi-tn-bitcoin-founder-la-chased-20140306-story.html。

② Newsweek Staff, "Newsweek's Statement on the Bitcoin Story", Newsweek, http://europe.newsweek.com/newsweeks-statement-bitcoin-story-231242?rm=eu。

③ P2P Foundation, "Bitcoin open source implementation of P2P currency", http://p2pfoundation.ning.com/forum/topics/bitcoin-open-source?commentId=2003008%3AComment%3A52186。

④ BBC, "Australian Craig Wright claims to be Bitcoin creator", www.bbc.com/news/technology-36168863。

⑤ 比特币基金会是一家注册于美国的非营利企业法人，以 Linux 基金会为模板创建成立，其目标是在全球范围内"促进比特币和区块链领域的教育和宣传，推动比特币和区块链的采用和开发"。参见 Bitcoin Foundation, "About Us", bitcoinfoundation.org/about-us/。

首席科学家 Gavin Andresen[1] 和比特币基金会创始成员之一的 Jon Matonis 都公开表示支持莱特的说法。

真是"踏破铁鞋无觅处，得来全不费功夫"。所有人都在苦苦寻觅而不得的中本聪，竟然主动现身了？

其实，BBC 这篇报道并非莱特首次进入公众视野。2015 年 12 月，Wired 就曾经指出，这位籍籍无名的澳大利亚"天才"就是中本聪。报道援引莱特本人的博客文章，指出莱特与中本聪存在千丝万缕的联系——莱特博客上一篇原本发表于比特币白皮书发布之前、后来被删除的博文更是直接写道："比特币 Beta 版明天上线。这是一个非中心的系统……我们会一直尝试下去，直到它取得成功。"Wired 认为，莱特"要么确实发明了比特币，要么就是一个精明的骗子，非常希望我们相信他就是比特币的发明者"[2]。

同一天，科技新闻网站 Gizmodo 也发表了一篇揭秘文章[3]，援引匿名黑客的爆料指出，比特币是由克雷格·莱特与其密友、美国计算机取证专家大卫·克莱因（David Klein）合作开发的，而"中本聪"正是两人共用的假名。报道称，2013 年去世的克莱因生前与莱特共同开发了比特币，并且掌握着价值上亿美元的比特币资产。

不过，后续的报道为"莱特就是中本聪"的论断打上了一个大大的问号，Wired 甚至在报道中表示"莱特似乎在故意留下线

---

① Gavin Andresen, "Satoshi", gavinadresen.ninja/satoshi。

② Andy Greenberg, Gwern Branwen, "Bitcoin's Creator Satoshi Nakamoto Is Probably This Unknown Australian Genius", Wired, https://www.wired.com/2015/12/bitcoins-creator-satoshi-nakamoto-is-probably-this-unknown-australian-genius/。

③ Sam Biddle, Andy Cush, "This Australian Says He and His Dead Friend Invented Bitcoin", Gizmodo, https://gizmodo.com/this-australian-says-he-and-his-dead-friend-invented-bi-1746958692。

索，一步步地引诱我们相信他就是中本聪"[1]。即便是莱特接受 BBC 等三家媒体采访并自证身份之后，这种争议也没有停止。比特币核心开发者 Peter Todd 认为，莱特在公开演示中给出的证据"就好像把一份公开文件上别人的签名拿来复印一下，然后声称这是自己的签名一样"[2]；比特币核心开发团队也在推特上发文称，"目前没有任何公开证据表明任何人是比特币的创造者"[3]。

图 1-7　克雷格·莱特

来源：Andrew O'Hagan (2016),
London Review of Books

面对各种质疑，莱特于 2016 年 5 月 4 日发表博文，声称将在接下来几天中提供更多可以证明自己就是中本聪的实质性证据，包括"移动早期区块中的比特币"。[4] 但就在全世界都屏息等待的时候，两天后莱特删除了此前的博文，

---

[1]　Andy Greenberg, "New Clues Suggest Craig Wright, Suspected Bitcoin Creator, May Be A Hoaxer", Wired, https://www.wired.com/2015/12/new-clues-suggest-satoshi-suspect-craig-wright-may-be-a-hoaxer/。

[2]　Thomas Fox-Brewster, "Craig Wright Claims He's Bitcoin Creator Satoshi—Experts Fear An Epic Scam", www.forbes.com/sites/thomasbrewster/2016/05/02/craig-wright-satoshi-nakamoto-doubt/#68ff3e66708f。

[3]　David Floyd, "Has Bitcoin Creator Satoshi Nakamoto Been Found?", Investopedia, www.investopedia.com/articles/insights/050216/has-bitcoin-creator-satoshi-nakamoto-been-found.asp。

[4]　Alex Hern, "Bitcoin: Craig Wright promises new evidence to prove identity", The Guardian, https://www.theguardian.com/technology/2016/may/04/bitcoin-craig-wright-promises-extraordinary-evidence-prove-identity。

并在一篇名为《对不起》的博文中写道①：

我本以为我可以做到。我本以为我可以将多年的隐姓埋名甩在脑后。但是，随着这件事在过去一周持续发酵，就在我准备公开证据证明我拥有早期比特币密钥的时候，我崩溃了。我没有这个勇气。我做不到。

这场大戏就这样以令人错愕的方式告终。克雷格·莱特到底是不是中本聪？如果他就是中本聪，却为什么在最后一刻选择以这样的方式退出？如果他不是中本聪，那他为什么要冒充比特币的创始人？

2016年6月，Andrew O'Hagan发表的一篇近4万字的长文介绍了莱特自证中本聪身份事件的台前幕后②。在O'Hagan的笔下，莱特是一个脾气古怪、阴晴不定、喜欢用第三人称指代自己的偏执天才。自幼痴迷日本文化的莱特与好友克莱因共同开发了比特币，并用日本江户时代中期学者富永仲基（Tominaga Nakamoto）和漫画《宠物小精灵》主人公小智（Satoshi Tajiri）的名字拼凑出了如今世界最具传奇意义的假名。他在匿名多年之后受到商业合作伙伴的鼓动选择现身自证③，但坐实中本聪身份之后可能带来的

---

① Alex Hern, "Craig Wright U-turns on pledge to provide evidence he invented bitcoin", The Guardian, https://www.theguardian.com/technology/2016/may/05/craig-wright-u-turn-on-pledge-to-provide-evidence-he-invented-bitcoin。

② Andrew O'Hagan, "The Satoshi Affair", London Review of Books, www.lrb.co.uk/v38/n13/Andrew-ohagan/the-satoshi-affair。

③ O'Hagan在文章中指出，一家名为nTrust的加拿大公司是莱特此次出面自证的幕后推手。按照双方签订的协议，莱特自证成功之后，他发明的比特币和区块链等一系列技术和产品的产权将转移给nTrust旗下公司，并由后者申请专利。

各种麻烦让他最终望而却步①。O'Hagan 在离别之前向莱特说的这番话或许最能代表他对莱特的真实看法："也许你只是 30% 的中本聪。你作为天才小组的成员，参与了比特币初期的开发。你编过码，合成了其他人的工作，并且跟大家一起共用密钥。然后，去年（2015 年）的某个时候，你把自己升级成 80% 到 90% 的中本聪。你已经比此前其他任何人都更接近中本聪了，但在你看来，这次的事情要求你做得更多，而到头来，你还是搞不定。"

那比特币的发明者、真正的中本聪究竟是谁？这个问题的答案或许我们永远也无从得知。正如 O'Hagan 所说：

中本聪其实不是一个人；他是公众拥护的象征、科技创造的实体，他是一个神话。

1.3　照猫画虎：比特币之后的山寨币

比特币不是终点，只是起点。

一夜成名虽然让比特币的用户数量和关注度都得到了显著提升，但比特币作为一种不受监管的电子货币②和匿名支付系统所存

---

① 　O'Hagan 认为，莱特可能与因丝绸之路网站入狱的 Ulbricht 有过交易，因此莱特如果成功证明自己就是中本聪，可能也会面临相关法律问题。

② 　根据《中国证券报》2016 年 12 月 30 日的报道，中国一些比特币交易平台存在通过自买自卖刷高比特币交易量的情况。这暴露出比特币交易作为不受监管的市场行为，潜在风险巨大。曹乘瑜，《平台自买自卖，比特币成交天量靠刷》，中证网，http://www.cs.com.cn/xwzx/jr/201612/t20161230_5140285.html。

在的洗钱风险使得不少国家政府对于比特币持有警惕甚至是敌对的态度，同时比特币区块容量小、PoW 共识机制能源消耗大等内在问题日益凸显，严重限制了比特币的进一步推广和使用。

当比特币的前景似乎陷入瓶颈之时，一直默默支撑比特币运行的区块链进入了人们的视野。虽然比特币系统本身在线上支付领域之外的应用前景似乎十分有限，但区块链本质上是一个分布式数据库，其潜在应用场景几乎是无穷无尽的。于是，比特币的身后，一个名叫"区块链"的巨人逐渐崛起。

应用比特币区块链最简单粗暴的方式莫过于创造另一种加密货币。事实上，比特币并非是这个世界上唯一的加密货币。比特币名声大噪之后，各种各样的加密货币如雨后春笋般问世。这些新兴加密货币作为比特币的替代品甚至竞争者，通常被称为"代币"（altcoin）或者"竞争币"；由于这些新兴加密货币往往由与比特币类似的区块链开发而成，有的甚至干脆直接修改比特币的开放源代码或者嫁接在比特币区块链上，故而也被称为"山寨币"。

根据 Coinmarketcap 网站的统计，截至 2018 年 6 月，全球共有超过 1600 种山寨币①。这些山寨币名目众多，图标各异，令人眼花缭乱。绝大多数山寨币价值极低，市价上蹿下跳，缺乏稳定的用户。

我们真的需要这么多"币"吗？或许确实需要。在造币门槛极低的情况下，山寨币作为试错的平台，可以很好地测试各种短期内不易融入比特币的新功能，从而推动整个比特币和区块链生

---

① Coinmarketcap.com, "Cryptocurrency Market Capitalizations", Coinmarketcap. com, https://coinmarketcap.com/all/views/all/。

态的发展 [1]。

1. 莱特币

莱特币英文原名 Litecoin[2]，由谷歌前雇员 Charles Lee 于 2011 年发布。2017 年 12 月 19 日，莱特币总市值一度高达近 200 亿美元，创下其问世以来的最高纪录；但每一枚莱特币的单价仍然仅相当于大约 0.02 比特币 [3]。

图 1-8　比特币是金，莱特币是银

来源：David Gilson (2013), Coindesk

莱特币可以说是最接近比特币的山寨币，无论是名称、图标，还是系统设计的总体思路以及区块链的应用，都与比特币高度相似。两者最主要的差异体现在以下三个方面。

- 区块生产时间短于比特币。莱特币区块链每 2.5 分钟生产一个新区块，区块生产速度远远快于比特币。这使得莱特币的交易确认快于比特币，并且同一时间段内的双重支付风险也更小。
- 造币总数大于比特币。比特币的总量上限设定为 2100 万个，而莱特币的总量上限为 8400 万个。
- 共识算法不同。同比特币一样，莱特币采用 PoW "挖

矿"机制，通过算力竞赛决定记账权归属。但不同于采用
SHA-256 哈希算法的比特币，莱特币采用的是 scrypt 算法。
这种算法计算所需时间长，并且占用内存更多，从而增加
了挖矿的难度。从很大程度上来说，scrypt 算法的采用大大
增加了网络参与者堆积算力的难度，抬高了发起"51% 攻击"
的成本，使得莱特币的安全性理论上较比特币有所提升。

莱特币作为比特币之外的又一种主流加密货币，几乎是比特
币的完美"翻版"，因而存在"比特币是金，莱特币是银"的说法。
虽然莱特币创始人 Charles Lee 表示，莱特币"在年龄以及成熟程
度上都落后于比特币一年半的时间"，但莱特币仍然被认为是各
种山寨币中"较为认真"、配套基础设施比较发达的一种[①]。

2. 域名币

域名币（Namecoin）完全可以视为一个架在比特币区块链上
的应用，这与另起炉灶的莱特币截然不同。2011 年 4 月，由匿名
网友 vinced 发布的域名币使用的区块链是比特币区块链的一个分
叉，虽然相对独立并且拥有自己的创世区块，但域名币系统在货
币发行总量、共识机制等各个方面都与比特币区块链别无二致。

域名币虽然名义上是一种山寨币，但实质上却是一个"挂羊头
卖狗肉"的分布式域名系统：它利用比特币区块链匿名、防篡改的

① Kashmir Hill, "A $100 Worth of Litecoin A Year Ago Is Worth $30,000 Today",
Forbes, www.forbes.com/sites/kashmirhill/2014/01/13/a-100-worth-of-litecoin-a-year-
ago-is-worth-30000-today/#465c225165c7.

特性，建立了新的域名系统（Domain Name System，简称 DNS），用比特币区块链这个去中心的分布式账本记录并转移网络域名。

目前，全球网络域名主要由互联网名称与数字地址分配机构（The Internet Corporation for Assigned Names and Numbers，简称 ICANN）负责集中管理，但这种中心化管理方式无法避免地会产生管理机构利用自身权限删除或者屏蔽部分域名的问题。

美国网络安全专家 Zooko Wilcox-O'Hearn 曾提出一个被称为"Zooko 三角"的理论。这个类似于经济学"蒙代尔不可能三角"的理论认为，理想的域名系统应该具有安全（全球范围内独一无二）、分布式（不存在中心化的权威机构决定域名意义）以及方便人类理解记忆等三个性质，但现实中任何域名系统都只能满足其中两个，从而导致现存的域名系统要么由中心化机构控制，要么人类难以记忆理解，要么无法保证域名安全性[1]。

域名币利用区块链的独特性质解决了这一问题，成为"Zooko 三角"问题的首个解决方案[2]。用户利用域名币系统，可以简便地注册并持有".bit"域名地址，也可以通过类似比特币交易的方式进行域名转让。

3. 狗狗币

相比中规中矩的"普通山寨币"莱特币以及志向远大的"文艺山寨币"域名币，狗狗币（Dogecoin）显得有点……过于可爱。

---

[1]　Andreas Loibl, *Namecoin*, https://www.net.in.tum.de/fileadmin/TUM/NET/NET-2014-08-1/NET-2014-08-1_14.pdf。

[2]　Namecoin，"Namecoin"，https://www.namecoin.org。

图 1-9 [DOGE]

来源：Dogecoin
Official Website

作为货币标识的 Doge 表情明白无误地告诉我们，狗狗币是一种加密货币与互联网文化结合的产物。

狗狗币由居住在美国的 IBM 软件程序员 Billy Markus 和住在澳大利亚的 Adobe 产品营销人员 Jackson Palmer 共同创造。按照两位"狗狗币之父"的说法，他们开发狗狗币的时候"根本没过脑子"：Palmer 看到大把大把山寨币横空出世，于是就发了一条开玩笑的推特说自己"正在投资狗狗币，非常确定它会火"。朋友们看热闹不嫌事儿大纷纷怂恿鼓励，于是 Palmer 某日下班后闲得无聊注册了 Dogecoin.com 网址，又 PS 了一个狗狗币的 logo 放在了网上，然后就没再管。刚好北半球的 Markus 一直想开发一种好玩儿的加密货币，看到 Palmer 的网站之后一见钟情，马上与 Palmer 取得联系。两人一拍即合，立即动手开发[①]。

狗狗币基于莱特币系统开发，除了区块生成更快（每分钟生产一个新区块）、货币总量无上限之外[②]，其他运行机制与莱特币没有太大差异。但狗狗币在发布之后不久便开始以惊人的快速发展，以至于 Markus 和 Palmer 两个创始人都没有机会充分利用创始人在挖矿方面的"先发优势"大赚一笔[③]。虽然每枚狗狗币的历史

---

① Patrick McGuire，"Such Weird: The Founders of Dogecoin See the Meme Currency's Tipping Point"，motherboard.vice.com/blog/dogecoins-founders-believe-in-the-power-of-meme-currencies。

② Aaron Sankin，"Dogecoins are limitless, and that's a good thing"，www.dailydot.com/business/dogecoin-no-mining-limit-infinite/。

③ Patrick McGuire，"Such Weird: The Founders of Dogecoin See the Meme Currency's Tipping Point"，motherboard.vice.com/blog/dogecoins-founders-believe-in-the-power-of-meme-currencies。

最高市价仅相当于大约 0.000003 枚比特币，但截至 2018 年 6 月，狗狗币总市值仍位列全部山寨币前五十[①]。

是什么让山寨气息满满的狗狗币脱颖而出？两位创始人认为，狗狗币成功的诀窍就在于那只君主般凝视着你的秋田犬。创始人之一 Markus 曾长期研究如何让加密货币摆脱"丝绸之路事件"留下的不良印象。他认为，doge 表情的运用有效地吸引了新用户，并帮助用户加深对加密货币的了解："事后看来，加密货币是可以更接地气的，而（doge 表情等）网络迷因[②]显然很接地气。毕竟所有人都认识 doge 表情。"[③]

4. 其他

所谓"钱包大了，什么币都有"，深深植根与互联网的山寨币圈从来不缺少创意——虽然有的创意前途光明，有的创意只能惹来麻烦。

（1）款耶（Coinye）

这款意在借用美国说唱歌手坎耶·韦斯特（Kanye West）光环的山寨币本来叫 Coinye West，还使用一个酷似"侃爷"本人的图

---

① 参见 Coinmarketcap.com, "Dogecoin (DOGE)", https://coinmarketcap.com/currencies/dogecoin/。

② 迷因即 meme，指思想、曲调、流行语、图像等"通过广义上来讲可归于模仿的过程"，"从一个大脑进入另一个大脑"，并繁衍生息的文化因子。秦鹏，《什么是迷因（Meme）》，果壳网，www.guokr.com/article/257684/。

③ Patrick McGuire, "Such Weird: The Founders of Dogecoin See the Meme Currency's Tipping Point", motherboard.vice.com/blog/dogecoins-founders-believe-in-the-power-of-meme-currencies。

像作为 logo。开发者本希望借此吸引嘻哈群体使用这款新的山寨币，并且还暖心地给侃爷发推特汇报开发进度①。谁料侃爷毫不领情，一怒之下将开发团队告上法院。

图 1-10　如果你是侃爷，你会开心吗？

来源：Danny Bradbury (2016), the balance

开发者不得不给产品改名，并将 logo 变成了一个头部酷似侃爷本人的人鱼，并于 2014 年 1 月强行上线。但开发团队最终还是敌不过侃爷的愤怒，于上线一周后留下一句"款耶已死。侃爷，你赢了"之后甩手而去。

（2）牙仙币（Tooth Fairy Coin）

按照西方社会的习惯，换牙期的孩子牙齿脱落之后，父母都会在孩子的枕头下藏一两元钱，并告诉孩子这是牙仙（tooth fairy）送的礼物。

而所谓的"牙仙币"希望将牙仙送给孩子的零钱变成区块链上的加密货币："不如把加密货币作为牙仙的礼物送给孩子，这

---

① Nermin Hajdarbegovic, "Kanye West Sues Coinye Altcoin into Oblivion", www.coindesk.com/kanye-west-sues-coinye-altcoin-oblivion/。

样还可以生动地教育下一代并使其了解加密货币。"①

好在这似乎只是一个一时起意的念头，否则刚掉了牙的孩子早上起床后在枕头下面发现一张写着"1J7mdg5rbQyUHENYdx39WVWK7fsLpEoXZy"的纸条时，将是怎样的心情……

（3）芒果币（Mangocoinz）

比特币的挖矿过程严重浪费能源，为什么不通过其他方式完成加密货币的发行呢？

诞生于这样一个简单想法的芒果币采用手机 APP 的形式，记录使用者的运动量并相应奖励加密货币。简单来讲，你可以把它理解成一个会按照微信运动步数发红包的微信钱包。芒果币虽然无法让使用者致富，但也是对坚持运动的一种激励。

（4）忏悔币（Confessioncoin）②

忏悔币利用比特币区块链的匿名性，让人们花一点手续费就可以无所顾忌地倾诉自己的罪孽，而"区块链神父"绝对会守口如瓶——至少理论上如此。

1.4　区块链崛起：瑞波与以太坊

加密货币只是区块链应用的第一个阶段，而随着技术的成

---

① Danny Bradbury, "Strange and Unique Altcoins", https://www.thebalance.com/five-strange-altcoins-391208。

② Stan Higgins, "The Strangest Altcoins of 2014", www.coindesk.com/strangest-altcoins-2014/。

熟和更多应用场景的出现，区块链的应用开始更多地脱离加密货币，而将重点放在充分发挥区块链本身的优势上。这种"似币非币"的应用，才是区块链真正脱离比特币、走上独立发展道路的开始。

瑞波（Ripple）和以太坊（Ethereum）是此类应用中最具代表性的两个。瑞波的瑞波币（XRP）和以太坊的以太币（ETC/ETH）都属于山寨币大家庭中的重要成员，并且长期盘踞山寨币市值排名的前两位。但与以加密货币为核心构造的比特币不同，瑞波币与以太币在各自系统中都仅仅是一个功能性的组成部分，而在比特币中扮演必要基础设施角色的区块链在瑞波与以太坊的系统中成为核心。

虽然二者同是较为成熟的区块链应用，但瑞波与以太坊选择了截然不同的道路：前者脚踏实地，从传统代理行模式跨境汇款的痛点出发，与银行合作开发现行业务框架下切实可行的解决方案；而后者仰望星空，以变革互联网服务方式为己任。两种思路孰优孰劣目前仍无从判断，但可以肯定的一点是，无论哪种路线最终更胜一筹，区块链都将是真正的赢家。

1. 瑞波

如果按照创建时间来比较，瑞波其实是比特币的"老前辈"。我们如今熟悉的瑞波前身叫作 Ripple Pay，是加拿大网络程序员 Ryan Fugger 于 2004 年开始开发、2005 年正式发布的一款网络支付产品。Fugger 将 Ripple Pay 定位于一个分布式的货币系统，让每个人都可以发行自己的货币——这一点倒是与比特币不谋而合。Ripple Pay 简单来说，可以理解为一个基于社会关系的"熟人借贷"网络，而货币在其中直接体现为人与人之间的债务关系。

举个例子：B 与 C 是好朋友，并且各自分别有朋友 A 和 D，但 B 的好友 A 与 C 的好友 D 却互不相识。如果某天四人一起出去玩，A 一时不便向 D 借钱买了一个汉堡，D 怎样可以确保这个自己或许再也不会见到的陌生人不会欠钱不给呢？Ripple Pay 给出的解决方案是：既然 A 与 B、B 与 C、C 与 D 各自都是相互信任的好友关系，不如采取"曲线救国"的方式，将 A 对 D 的债务拆分转移成 A 对 B、B 对 C 和 C 对 D 的三对债务关系，亦即将 A → D 的付款路径变成 A → B → C → D 的债务关系，以熟人之间的信任做保障，大大降低了违约风险。

考虑到"六度人脉理论"，Ripple Pay 这个用熟人关系信用链替代银行中介角色的方案确有其合理之处。不过，Ripple Pay 存在两大问题：一是其设计理念本质上对新用户入网设置了限制——也就是必须至少拥有一个已经加入 Ripple Pay 网络的好友；二是虽然用户间的信用关系的是分布式的，但网络的维护和日常运营仍然由中心节点实际控制，导致 Ripple Pay 成为一个中心化的应用。发展多年之后，Ripple Pay 的用户群体仍然局限于分散的小圈子，网络的发展陷入了瓶颈。

比特币等加密货币的崛起为 Ripple Pay 的改进带来了新的思路。以曾创建借贷服务公司 E-loan、Prosper 的 Chris Larsen 和曾开发出电驴和比特币交易所 Mt. Gox 的 Jed McCaleb 为首的新团队决定将 Ripple Pay 变成一个现代化的全球性支付基础设施，使世界上每个人都可以随时随地发起支付交易，"无论身份、金额或是币种"[1]。瑞波就此诞生。

作为一种基于区块链分布式账本和数字货币的支付系统，瑞波与比特币有一些基本的相似之处：两者都有自己的加密货币，两者都利用区块链分布式账本记录交易，两者都构建了由地址和密钥对组成的"账户体系"，两者都使用了椭圆加密算法。但除此之外，瑞波存在更多显著区别于比特币的设计和功能，主要体现在以下四个方面。

（1）区块链账本

瑞波的区块链账本称为"账本链"（ledger chain），本质上与比特币区块链十分接近，但瑞波的账本链除了记录"流水账"之外，还包含一个用于展示各用户余额状态的"状态树"（status tree）[2]，瑞波网络中的节点可以选择仅下载保存状态树，大大减轻了节点的数据存储负担。

（2）加密货币

瑞波自带的加密货币名为瑞波币（简称 XRP），截至 2018 年6 月底总市值超过 180 亿美元[3]，是三大主流山寨币之一。瑞波币作为瑞波网络中新加入的本地货币，作为交易的媒介比作为一个支付网络更加易用。作为加密货币，瑞波币与比特币的区别主要

---

① Rebecca Grant, "OpenCoin raises seed round so 'anyone in the world can trade any amount of money in any currency'", https://venturebeat.com/2013/04/11/opencoin-raises-seed-round-so-anyone-in-the-world-can-trade-any-amount-of-money-in-any-currency/ 。
② Vitalik Buterin, "Introducing Ripple", https://bitcoinmagazine.com/articles/introducing-ripple-1361931577。
③ Coinmarketcap, "Ripple (XRP)", https://coinmarketcap.com/currencies/ripple/。

体现在以下三个方面：一是发行方式不同。比特币网络中，系统将比特币作为奖励发给赢得记账权的矿工，完成货币的分布式发行；而瑞波系统中并不存在相应的货币发行机制，而是由瑞波网络的经营者和管理者 Ripple Labs 创造之后对外赠送或者发售[①]。二是在网络中的地位不同。瑞波对于瑞波币的定位是"货币桥"[②]，也就是说，如果一个中国的瑞波用户希望向美国的瑞波用户支付美元，可以先以人民币购买瑞波币，支付给美国用户后由对方自行兑换成美元。三是瑞波币存在销毁机制。为了防止恶意用户通过注册多个账号发送大量垃圾订单的方式发动攻击，瑞波网络要求所有账户最少持有 20XRP，并且每个账户每次交易都必须支付不少于 0.00001XRP 的手续费（这一部分 XRP 由系统销毁）。瑞波希望通过这种方式增加攻击者的成本，维护系统安全。

（3）共识机制

瑞波不存在比特币中的挖矿机制，而是利用"瑞波协议共识算法"（Ripple Protocol Consensus Algorithm）实现全网对账本状态的共识。共识过程每隔几秒发起一次，只有服务器节点（server nodes）[③]才能参加。共识过程的大致流程[④]如下。

■ 各服务器节点将其收集到的上一轮共识过程以来发生的交易

[①] 这种方式也受到了很多业内人士的批评。以太坊创始人 Vitalik 认为，维持用户的信任是 Ripple Labs 面临的最重要的问题；此外，甚至有人就此判断 Ripple 就是一场骗局。参见 Vitalik Buterin，"Introducing Ripple"，https://bitcoinmagazine.com/articles/introducing-ripple-1361931577；另见长铗（译），《资深用户揭露 Ripple 骗局》，www.8btc.com/exposing-the-ripple-scam。

[②] Ripple，《XRP 门户网站》，https://ripple.com/xrp-portal/。

[③] 另外一种客户节点（client node）只能收款和付款。

[④] David Schwartz et.al (2014)，*The Ripple Protocol Consensus Algorithm*。

的清单向网络公布，形成"候选交易清单"（candidate set）。

■ 各服务器节点对候选交易的真实性进行投票。这里要介绍一个重要的概念：独特节点清单（Unique Node List），简称 UNL，也就是每个服务器节点都会保存并维护的一个其他可信节点的名单。为了保证共识过程的有效性，Ripple 官方建议每个 UNL 清单至少含有 100 个节点[①]。每次投票前，各节点首先要将其 UNL 清单上所有可信节点的候选交易清单汇总，然后对总表上全部交易的真实性投票。

■ 获得 80% 以上票数的交易直接作为有效交易记入账本；如果一轮投票没有产生结果，则选出获得一定比例票数的交易进入下一轮投票。没有获得足够票数的交易被舍弃或者留待下一轮共识过程决定。

（4）网关机制

与彻底去除一切中介机构的比特币网络不同，瑞波网络中存在名为"网关"（Gateway）的服务机构。瑞波对于网关的定义是"在瑞波共识账本与全世界之间建立联系的商业机构"[②]。瑞波网络中的网关存在三种模式：发币网关（为用户提供 XRP 与法币之间的汇兑和划款服务）、私人交易所（自身持有 XRP 并基于自身系统为客户提供 XRP 买卖支持）、商户（提供线下商品或服务并接受 XRP 支付的商家）。瑞波接受并鼓励现有金融机构以网关的角色加入瑞波网络，并指出，金融机构担任网关有助于为客户提供更

---

① Peter Todd (2015), *Ripple Protocol Consensus Algorithm Review*。

② Ripple, "Becoming a Ripple Gateway", https://ripple.com/build/gateway-guide/#infrastructure。

多价值、丰富客户付款方式并使用瑞波服务创造新的收入来源。

读到这里，你或许会有这样的感觉：瑞波与比特币简直貌合神离啊！的确，瑞波虽然是一种区块链应用，但在具体的系统设计上与比特币的区块链有着极大的差异；中心化货币发行机制以及网关机制这些瑞波网络重要的特征，如果与比特币的区块链标准相比，简直就是大逆不道。这背后反映出的，实际上是瑞波与比特币截然不同的解决问题的思路。如前所述，中本聪认为交易中的受信中介是"万恶之源"，所以，比特币各种机制都是费尽心机地"去中介""去信任"。而瑞波的创始人 Ryan Fugger 从一开始就与中本聪想法不同——Ripple Pay 虽然去掉了银行，但没有将信任交给密码学，而是选择将支付系统更紧密地嵌入社会关系网络。参照比特币为蓝本改良后的瑞波虽然不再依赖熟人关系，但基于 UNL 可信名单的共识过程以及网关中介的存在，本质上都是 Ripple Pay 思路的延续和发展。借用 Quora 用户 Simon Kinahan 的话说，Ripple "并不是要建立一个让你谁也不用相信的机制，而是给你提供了一个信任的市场（marketplace for trust）"[1]，让你自己选择相信的对象。

各种争议并未阻止瑞波发展的步伐。一直专注跨境支付痛点的瑞波在区块链大潮中乘势而起，借助网关机制留出的充分空间，

---

[1] Simon Kinahan's answer, "What are the chief differences between Ethereum and Ripple's Codius? Which one is mot likely to succeed?", Quora, https://www.quora.com/What-are-the-chief-differences-between-Ethereum-and-Ripples-Codius-Which-one-is-most-likely-to-succeed。

快速与美银美林、桑坦德、渣打等多家银行 [1] 以及美国运通公司开展合作 [2]，推动基于区块链技术的实时跨境支付，已经对跨境支付报文领域多年来的霸主 SWIFT 形成了冲击。Ripplc 能走多远？让我们拭目以待。

2. 以太坊

图 1-11　Vitalik Buterin

来源：Klint Finley (2014),
Wired.com

以太坊（Ethereum）创始人 Vitalik Buterin 是区块链产业内的一个传奇人物。这个生于 1994 年的俄罗斯小伙儿身材瘦削，甚至让人觉得有点弱不禁风，但他亲手创造的以太坊正以巨人的步伐赶超比特币，并为人类的生活方式带来深刻的变革。

Buterin 自幼性格安静内向，但一直对数字有着狂热的痴迷。Buterin 4 岁那年从父亲那里得到了人生第一台电脑，没过多久，Microsoft Excel 便成为他"最喜欢的玩具"。2011 年，Buterin 从父亲那里得知了比特币的存在，起初并没有提起兴趣的 Buterin 经过简单的研究之后便很快迷上了数字货币。他开始为《比特币》期刊网站撰稿，为的就是赚取每篇 5 个比特币的稿费；

---

① Finextra，"Ripple rudely gatecrashes Sibos party"，https://www.finextra.com/newsarticle/29512/ripple-rudely-gatecrashes-sibos-party?utm_medium=newsflash&utm_source=2016-9-28。

② Christine Kim，"AmEx Is Hiring to Help Sell a Ripple Powered Blockchain Product"，Coindesk, 12 June 2018。

2011 年 9 月，Buterin 又与好友一起创立了《比特币杂志》（*Bitcoin Magazine*），并承担了大部分稿件的撰写工作。2013 年，比特币一夜成名，让 Buterin 看到了新的机遇。他从滑铁卢大学（University of Waterloo）中途退学，开始在全球各地游学，并与各地的比特币爱好者和开发者们深入交流①。这段经历大大丰富了 Buterin 的见识，也使他对比特币的局限性及其产生的问题有了更深入的认识：在维萨卡（Visa）系统每秒处理几千笔交易的今天，比特币网络平均每秒钟只能处理 7 笔交易；而且由于中本聪对比特币的定位从一开始就仅仅是一个超级安全的匿名支付系统，开发者很难在比特币平台上开发应用软件，直接限制了比特币进一步的发展壮大。正如 Buterin 本人曾写的那样："比特币设计的初衷就是一个简单邮件传输协议（SMTP）。它是一个十分擅长处理一项特定任务的协议。虽然它用于转账支付效果极好，但从设计上讲，它不是一个可以在上面开发新协议的基础层。"

以太坊就是 Buterin 给出的解决方案。同比特币针对网上支付业务严重依赖受信中介的问题类似，以太坊针对的是如今我们使用的各类互联网服务都呈现出的"过度中心化"的问题：无论是 Facebook 这样的社交门户、Amazon 这样的购物网站还是 Dropbox 这样的网盘，各种网上服务实际上都是由中心化的服务提供商提供并管理，使用这些产品实际上以信任相应的服务商为前提，用户也必须承担自身利益可能受到服务商侵犯的风险。而 Buterin 开

① Robert Hackett，"Can This 22-year-old Coder Out-bitcoin Bitcoin？"，http://fortune.com/ethereum-blockchain-vitalik-buterin/；另见 Klint Finley，"Out in the Open: Teenage Hacker Transforms Web into One Giant Bitcoin Network"，https://www.wired.com/2014/01/ethereum/。

辟以太坊这条新路的目标，就是创造一台图灵完备[①]的"世界电脑"[②]，用比特币的方法，解决比特币无法解决的问题。

作为比特币的"进化版"，以太坊确实在很多方面借鉴了中本聪的思路，但同时也在比特币架构和运行机制的基础上进行了大量的补充和调整，以便满足不同于比特币的功能需求。与比特币相比，以太坊具有以下六个主要特征。

（1）账户设置

不同于只有密钥对和地址的比特币，以太坊重新引入了"账户"的概念。以太坊平台上有两类账户：第一类叫作"外部持有账户"（externally owned account），是以太坊平台上最基本的账户，相当于比特币中比特币地址与相应密钥对的组合，用于联系并更新以太坊区块链，由用户的私钥控制；第二类叫作"合约账户"（contract account），主要功能是按照外部持有账户发送的指令调用代码并执行操作。

（2）记账方式

以太坊平台的区块链账本不仅记录历史交易情况，还记录各账户的状态（state）。对于用户新发起的交易，以太坊不会像比特币那样去将付款人付出的 UTXO 与节点本地储存的 UTXO 清单进行比对，而是采取了更接近人们现实生活的方式，直接查看用户的账户余额，确定其发起的交易是否有效。

（3）区块

以太坊和比特币的区块最主要的不同点体现在区块大小和区

---

① 图灵完备是可计算性理论（computability theory）中的一个概念，简单来说是指一种虚拟机或者一种编程语言可以计算一切可计算的问题。
② Coindesk (2016), *Understanding Ethereum*。

块生成时间上。比特币区块的大小固定为 1MB，而以太坊平台对区块的大小没有限制；比特币大约每 10 分钟生成一个新区块，而以太坊两个区块之间的间隔时间目前大约为 14 秒。

（4）共识机制

目前，以太坊采用的是与比特币相同的 PoW 共识机制，通过各节点进行复杂运算（所谓"挖矿"）决定由谁完成区块链记账。不过，以太坊采用的 PoW 用的是 SHA-3 加密算法，并且挖矿过程只能用计算机的图形处理器（GPU）完成。这种设计是为了确保以太坊的共识机制既可以防止出现比特币网络中"矿池"集中大量算力的现象，同时确保用户使用以太坊无须先行下载完整区块链，从而提升新用户参与的方便程度。

为了进一步提升平台安全[①]、改善普通用户体验，以太坊团队自 2014 年便开始推进共识机制由工作量证明调整为"权益证明"（Proof of Stake，简称 PoS）的工作。2018 年 5 月发布的以太坊 Casper 0.1 版本采用了 PoW 与 PoS 混合的共识机制，后续将逐步完全过渡到 PoS 共识机制。

（5）以太币与 Gas

以太币（ether）是以太坊平台内置的加密货币。截至 2018 年 6 月，以太币总市值将近 520 亿美元，在全部山寨币中排名第一，总市值接近比特币的一半[②]。不过，以太币不仅是一种另类货币，

[①] 根据 Coindesk 的报告，截至 2016 年 3 月，一个名为"dwarfpool"的矿池占据了全网哈希率（可以简单理解为计算能力）的 48%，接近具备控制整个网络、随意修改账本的能力。参见 Coindesk (2016), *Understanding Ethereum*。

[②] Coinmarketcap.com，"Ethereum (ETH)"，https://coinmarketcap.com/currencies/ethereum/。

而且更多的是一种"系统资源"，用于帮助用户完成交易或者合约。因此，业内存在一种说法，如果把比特币称为"数字黄金"，那么就可以把以太币称为"数字石油"。

以太币的功能最直接地体现在以太坊平台的 Gas 系统上。Gas 是以太坊平台上执行交易或合约所需的直接"燃料"，一单位 Gas 目前相当于 1 以太币的十万分之一，而交易或者合约所需的 Gas 单位数量由该交易或者合约执行的难度以及复杂程度决定。没有充足的 Gas，便无法执行交易或者合约。这种设计也是为了增加攻击者的成本，防止潜在攻击者发动攻击。

（6）以太坊虚拟机与 Solidity 语言

前文说过，以太坊设计最重要的初衷就是解决比特币网络功能单一、拓展性差的问题，充分发掘区块链技术的潜力，提供各类去中心化的网络服务。定位目标的不同决定了以太坊的基础技术架构将不仅局限于简单的"区块链＋加密货币"的组合，还需有支持更为复杂的程序运行和编写的能力。在这种情况下，以太坊虚拟机（Ethereum Virtual Machine，简称 EVM）以及 Solidity 语言就成为以太坊必不可少的最重要特征：前者用于解读指令并执行相应程序，而后者作为一种"图灵完备"的编译语言（compiled language），是 EVM 得以正常发挥功能的重要基础。

与平稳运行多年的比特币相比，以太坊自 2015 年 7 月正式上线以来一直处于不断调整完善的不稳定状态，也经历过起起伏伏。不过尽管如此，以太坊一直不缺少忠实的拥趸：2014 年 11 月，在以太坊正式上线之前，以太坊创始人 Vitalik Buterin 就击败 Facebook 创始人马克·扎克伯格，赢得了当年的世界科技网络（WTN）IT 软

件大奖 ①；以太坊平台的解决方案也得到了从 R3 CEV 银行业区块链
开发联盟 ② 到各类区块链初创企业的认可和应用 ③。

　　Vitalik Buterin 究竟靠什么征服了人们的想象力？答案是：
他用以太坊为我们呈现出的人类社会未来发展的另一种可能性。
Buterin 和以太坊的开发团队站在中本聪的肩膀上，用区块链构建
起用户自治的去中心化社群，用智能合约赋予人们创造"美丽新
世界"的工具。

1.5　智能合约初探

　　智能合约，英文全称"Smart Contract"，可以简单理解为一
种由代码组成、可以在满足一定预设条件的情况下自动执行的合
约。智能合约的概念于 20 世纪 90 年代首先提出，此前由于技术
的局限而一直停留在设想阶段。随着比特币的问世和区块链应用
的快速发展，智能合约的落地成为可能，智能合约 + 区块链的组
合也因其巨大的变革潜力而成为科技创业的新"风口"。

　　但是理想丰满、现实骨感，智能合约作为一项依然"年轻"

①　Nermin Hajdarbegovic, "Ethereum's Vitalik Buterin Wins World Technology
Network Award", http://www.coindesk.com/ethereums-vitalik-buterin-wins-world-
technology-network-award/。

②　Ian Allison, "R3 connects 11 banks to distributed ledger using Ethereum and Microsoft
Azure", http://www.ibtimes.co.uk/r3-connects-11-banks-distributed-ledger-using-
ethereum-microsoft-azure-1539044。

③　Coindesk (2016), *Understanding Ethereum*。

的技术，难免经历成长的阵痛；而 2016 年一场轰动一时的 "The DAO 被盗事件"将现阶段智能合约应用的问题和障碍暴露无遗。合约尚未智能，同志们仍需努力。

1. 智能合约是什么

从汉谟拉比法典"以眼还眼"的条文，到今天各类商业活动中必不可少的合同、协议和契约，合约作为一种固化人与人之间权利义务关系的形式，在人类社会发展和日常生产生活中发挥着关键的作用，也是构筑市场经济的基石。但美国计算机科学家、法律学者、密码学家尼克·萨博——就是上文提到被认为是中本聪"本尊"的那位——认为，传统的合约完全依靠人类制定、解释和执行，不仅容易出现各种由于合约条款不明或者合约各方理解差异而引起的纠纷和争端，并且合约制定和执行中大量涉及第三方中介（银行、律师事务所等）的参与，成本较高。

在萨博看来，快速发展的计算机算法和互联网技术为我们提供了全新的合约商定、执行和仲裁方式，并就此提出了"智能合约"的概念。

所谓智能合约是一种执行合约条款的电子化的交易协议（*transaction protocol*）。其一般性的目的在于满足常见的合约条件（例如支付条款、留置权、保密性以及合约执行），最大程度降低恶性和意外例外情况发生的可能性，削弱受信中介（*trusted intermediaries*）的必要性。相关经济目标包括降低欺诈损失、合约仲裁和执行成本，以及其他交易成本。[1]

虽然比特币核心开发者 Peter Todd 曾笑言"没有人真的明白智能合约是什么东西"[2]，但从上述这段话中我们还是可以看到萨博心目中智能合约的轮廓。简单来说，萨博的智能合约既不同于目前常见的电子化合同（传统纸质合同的电子化存在形式），也并非"人工智能"（Artificial Intelligence）的一部分，而是一种基于计算机算法和互联网的、可以按照预设规则自动执行的电子合约。从实现方式上看，智能合约可以视为等同于计算机程序中的"if-then"语句，可以在满足一定条件的情况下按照预设的规则和流程返回相应的结果；从功能上看，相对传统合约，智能合约相当于用一台可以出售各种商品的电子化的自动贩卖机[3]替代由销售人员管理和经营的商店，通过电子化和自动化的手段完成各类交易和资产产权的转移；而从本质上来看，智能合约可以视为是利用基于计算机算法的电子虚拟中介机构（即智能合约本身）替代传统的受信第三方（即律师、银行等中介机构，乃至终极的受信第三方——司法体系），并无可避免地会涉及人类社会各类法律和规则的电子化表达。

---

① Don Tapscott, Alex Tapscott, *The Blockchain Revolution: How the Technology Behind Bitcoin is Changing Money, Business and the World*, Portfolio (2016), pp. 72, 83, 101, 127。

② Peter Todd Twitter, https://twitter.com/petertoddbtc/status/540910541360099328。

③ Nick Szabo (1997), *Formalizing and Securing Relationships on Public Networks*, Ojphi.org/ojs/index.php/fm/archive/view/548/469。

图 1-12　智能合约：可以自动执行的电子化交易协议

来源：Capgemini (2016)

　　虽然智能合约本身是无形的，但这并不意味着智能合约无法用于控制和转移有形的资产。在其 1997 年发表的论文《公共网络关系的规范与安全》中，萨博列举了一个利用智能合约管理汽车产权转移的例子说明智能合约的应用：如果车辆安装了内嵌智能合约机制的安全系统，正常情况下车主可以凭借其独占的加密密钥控制车辆所有权而不用担心车辆被盗，而当车主将车辆作为抵押品申请贷款时，车辆安全系统可以通过创建智能的留置权合约（smart lien contract）根据车主还款情况控制车辆所有权——如果车主未能按期还款，智能合约则会自动将车主的密钥视为无效，而将车辆所有权转移给债权人 [①]。

　　萨博指出，智能合约的应用不仅需要计算机协议、加密算法等牢固的技术基础，更离不开过硬的安全机制、事后不可更改的交易记录等机制上的约束。在以受信第三方为核心的系统中，受信第三方对系统的影响力过大，交易记录事后不可更改这一点就难以保证。因此，智能合约在正式提出后近 20 年的时间里一直仅

---

① Nick Szabo (1997), *Formalizing and Securing Relationships on Public Networks*, Ojphi.org/ojs/index.php/fm/archive/view/548/469。

仅是萨博的构想，由于缺少有力的"基础设施"而难以落地。

直到区块链的兴起：中本聪设计的区块链以加密算法为基石，其去中心化的基本思路、强大的安全机制以及不可篡改的账本都为智能合约提供了绝佳的舞台；而智能合约则可以大大拓展区块链的功能，提高其可用性，并因此被广泛认为是有望快速推进区块链发展落地的"杀手级应用"——前文提到的以太坊通过将区块链与智能合约结合成为当今最重要的区块链开发平台，R3、DAH 等其他主要区块链开发企业也都将智能合约作为自家产品的重要元素。智能合约已经基本成为区块链解决方案的标配。

通过云端控制的各种资产、不需人类参与自动执行的合同、一个交易成本更低的世界——"区块链 + 智能合约"的组合为我们描绘出未来的另一种可能性。而作为智能合约应用的一种高级形态、去中心化自治组织到目前为止的发展历程，让我们得以窥见前方的希望与失望。

2. DAO 亦有盗

2016 年 6 月，向来低调的区块链圈凭借一项崭新的纪录成为公众关注的热点：基于以太坊平台开发的去中心化自治组织 The DAO 成功募集了超过 1.68 亿美元的资金，成为史上规模最大的众筹项目[1]。消息传出，引来很多人的惊讶和好奇："去中心化自治组织"是个什么玩意儿，这个吸金能力如此之强的 The DAO 又是

---

[1] Cade Metz, "The Biggest Crowdfunding Project Ever—The DAO—Is Kind of A Mess", https://www.wired.com/2016/06/biggest-crowdfunding-project-ever-dao-mess/ 。

何方神圣？

去中心化自治组织（Decentralized Autonomous Organization，简称 DAO）亦称"去中心化自治公司"（Decentralized Autonomous Corporation，简称 DAC），是随着区块链和智能合约的发展而诞生的一种新的社会组织形式。传统的社会组织——无论是学生社团、公益团体，还是企业和国际组织——一般采取中心化的构建方式：组织的发展和活动均围绕一个管理核心展开，组织的章程和规则以文字或语言形式成文或不成文地表达，违反规则的情形也由组织内部或者外部机制集中裁定处理。DAO 则将规则以代码形式嵌入区块链，通过网络参与者共识的形式进行民主决策，利用智能合约自动地执行组织的规则并按照共识推进组织的活动，用网络参与者对密码学的信任取代了传统组织中管理核心的权威，实现了真正的"自治"。

虽然有人认为比特币本身就是一个 DAO[①]，但 DAO 真正开始发展不过是最近两三年的事。这个凭借"史上最大众筹项目"成就抢占头条的 The DAO 是德国创业公司 Slock.it 的手笔。Slock.it 是一家主打"区块链 + 物联网"的公司，其目标是利用区块链技术为 Airbnb 等共享经济服务提供"智能锁"（smart lock）之类的基础设施，实现"没有中间商"的租赁、销售和共享。The DAO 是 Slock.it 于 2016 年 4 月 30 日推出的一个 DAO 项目，目的在于摆脱传统公司实体治理的各类顽疾，创造一个股东可以"直接实时控制股份"、"用软件规范并自动化执行治理规则"的企业组织[②]。

① Stan Larimer, "Bitcoin and the Three Laws of Robotics", https://letstalkbitcoin. com/bitcoin-and-the-three-laws-of-robotics#.UjjOO0mTFT7v。

② Christoph Jentzsch (2016), *Decentralized Autonomous Organization to Automate Governance (Final Draft – Under review)*。

图 1-13　The DAO 就是代码

来源：Michael del Castillo（2016），Coindesk

　　The DAO 实际的运行机制，简单来说，可以理解为一个没有基金经理的投资基金：在长达 28 天的募集期内，任何人都可以用以太币认购 DAO 币（相当于 The DAO 的份额）；募集成功后，全部参与者将通过投票方式集体决定这笔资金的投资方向，并按份额分享收益。针对集体决策中可能发生的"以大欺小"的情况（例如占有 51% 及以上份额的投资者提议将 The DAO 账户下全部以太币转给自己并利用份额优势通过提议），The DAO 设计了 DAO 的分裂机制（splitDAO），允许对集体决策结果不满的少数一方投资者在投票结果生效执行之前创建一个新的 DAO，并将原 DAO 账户中的以太币转至新的 DAO 中，通过"用脚投票"的方式避免"多数人的暴政" [①]。

　　但是 Slock.it 没有想到，这个旨在维护少数派利益的机制却成为 The DAO 最终崩溃的蚁穴。2016 年 6 月 17 日，以太坊创始人 Vitalik Buterin 在以太坊博客上发表题为《关于 DAO 漏洞的紧急更新》的文章，确认 The DAO 遭受身份未知的黑客攻击。根

---

① Christoph Jentzsch (2016), *Decentralized Autonomous Organization to Automate Governance* (*Final Draft – Under review*)。

据中国分布式总账基础协议联盟（ChinaLedger）事后的梳理，黑客使用的攻击合约创建于 6 月 15 日左右，6 月 17 日攻击正式开始[①]。黑客发现 splitDAO 功能在完成向分裂出的新 DAO 转账之后才会更新原 DAO 的账户余额，于是通过"发起分裂→执行分裂→在分裂执行完毕之前再次执行分裂"的手段，将 The DAO 账户中的以太币源源不断地转入黑客创建的"子 DAO"（child DAO）中[②]。Vitalik 在博文中提议对以太坊区块链进行软分叉，以阻止黑客取走子 DAO 中的以太币。黑客在 Vitalik 发文后停止了攻击行动，但据估算，黑客到此为止已经成功转移了 360 万个以太币[③]。

以太坊随后发布了支持分叉的 Parity 客户端，为软分叉做准备。而攻击 The DAO 的黑客也没闲着：6 月 18 日，自称"daoattacker"（DAO 攻击者）的人士突然在网络论坛上出现，并在匿名访谈中宣布将拿出 100 万个以太币和 100 个比特币，通过智能合约的形式奖励反对软分叉的以太坊矿工[④]，试图借此阻挠软分叉的实施。6 月 19 日，黑客再次发动攻击。虽然这一次攻击者只成功将少量以太币转移到子 DAO 账户中，但 The DAO 项目从巅峰向谷底的跌落已经板上钉钉。

[①] 施再成，《ChinaLedger 发布 The DAO 被攻击事件考察报告》，www.gongxiangcj.com/show-22-1143-1.html。

[②] Phil Daian，"Analysis of the DAO exploit"，hackingdistributed.com/2016/06/18/analysis-of-the-dao-exploit/。

[③] David Siegel，"Understanding The DAO Attack"，www.coindesk.com/understanding-dao-hack-journalists/。

[④] Andrew Quentson，"Exclusive: Full Interview Transcript with Alleged DAO 'Attacker'"，https://www.cryptocoinsnews.com/exclusive-full-interview-transcript-alleged-dao-attacker/。

3. DAO 影

虽然区块链的可追溯性意味着攻击者无法悄无声息地拿走盗来的以太币全身而退，但这期事件不可避免地在区块链开发业界掀起了巨大的波澜：以太坊社区在经历了漫长的争吵后分裂为以太坊核心（Ethereum Core）和以太坊经典（Ethereum Classic）[1]；The DAO 项目也在持续不到两个月之后便以退款告终。更重要的是，The DAO 被盗事件以戏剧化的方式暴露了现阶段智能合约的问题与漏洞，给智能合约的发展投下一道长长的阴影。

（1）技术成熟度的问题

在 The DAO 因自身智能合约脚本漏洞被攻击者利用之前，就有其他 DAO 项目发现了类似的问题，虽然所幸被及时叫停而没有造成损失，但依然暴露了智能合约技术至少在现阶段不够成熟的问题。当然，我们必须承认，这个世界上没有完美的事物，任何技术或者解决方案总会存在发生错误的概率。但智能合约作为构建"价值互联网"的关键一环，如果推广应用或将承载人类社会大量的价值交换和其他基础性职能，一旦出现类似此次 The DAO 被盗的事件，必将造成更加严重的损失，甚至可能影响到社会的正常运转。在这种情况下，我们自然而然地要求智能合约技术具备更高的稳定性和安全性。正如 ChinaLedger 关于 The DAO 被盗事件的考察报告中所说，"在目前区块链技术发展早

---

[1] Tim Swanson, "Ethereum Core and Ethereum Classic for Dummies", www.ofnumbers.com/2016/07/28/ethereum-core-and-ethereum-classic-for-dummies/。

期的阶段，不应该在没有稳定健壮的底层技术的基础上直接去做应用"①。或许我们可以说，智能合约还没有准备好。

（2）法律问题是智能合约面临的第二大不确定性

与一切新生事物一样，智能合约也面临着得不到权威认可的两难境地：对于智能合约来说，顺利应用推广需要以满足现有法律和法规要求为前提，但对于现有法律体系来说，智能合约是一个仍然有待填补的空白，并且立法的滞后性决定了这个填空的过程或许需要持续一段时间。在这种情况下，智能合约（包括区块链）就像一个出生之后一直没有上户口的孩子，真实存在却又不具备合法身份。通过智能合约达成的交易是否具有法律效力并受到法律保护？而诸如 The DAO 被盗的事件，又究竟应该由谁来负责？在这些问题得到解决之前，智能合约恐怕很难获得普通用户的广泛信任和支持，实现"代码即法律"更是无从谈起。

（3）最后，或许也是最根本的一个问题：智能合约到底智能不智能

区块链研究专家 Patrick Murck 有一句被广泛引用的金句："关于智能合约有两件事是你必须知道的：一是智能合约其实很傻，二是智能合约根本不是合约。"The DAO 被盗事件让人们对智能性产生质疑，甚至有人提出"傻合约"（dumb contract）或许才是我们应该追求的。从根本上来说，这其实反映了目前发展阶段智能合约复杂性与安全性之间的矛盾："智能"的合约必然复杂，安全风险相应提高；可以保证安全的合约不复杂，但是会被认为

---

① 施再成，《ChinaLedger 发布 The DAO 被攻击事件考察报告》，www.gongxiangcj.com/show-22-1143-1.html。

不够"智能"。以太坊创始人 Vitalik Buterin 指出,这在很大程度上可以归因于人类的意图(intent)太过复杂而无法用语言充分表达:正如承担治愈癌症任务的超级人工智能(superintelligent AI)可能最终发现人类灭绝才是 100% 可靠的答案,机器的思维方式与人类完全不同,导致在智能合约看来完全合理的事情对于我们人类来说可能就是愚蠢至极。就像 Buterin 所说,"公平"作为智能合约的重要价值根基,"是无法用数学定理来证明的——甚至在某些情况下,我们认为要做到'公平'必须满足的条件繁多又复杂,以至于你自己都忍不住觉得这里有漏洞(bug)"①。

信任机器降临

2015 年 10 月,全球知名财经周刊《经济学人》发表了一篇题为《信任的机器》的社论②,对区块链变革人类社会的巨大潜力给予了高度评价。文章写道:"这一技术创新的重要性远远超越加密货币领域。它使彼此互不信任的人们得以不通过中立的中介机构实现合作。简而言之,区块链就是一部制造信任的机器。"

这项在比特币诞生之初默默无闻的底层技术何以一夜爆红?区块链之所以成为"信任的机器",正是因为它的以下特性:

---

① Vitalik Buterin,"Thinking About Smart Contract Security",https://blog.ethereum.org/2016/06/19/thinking-smart-contract-security/。
② The Economist,"The Trust Machine: How the Technology behind Bitcoin Could Change the World",http://www.economist.com/news/leaders/21677198-technology-behind-bitcoin-could-transform-how-economy-works-trust-machine。

- 可追溯：区块链采取链式结构，所有区块按照发生的先后顺序紧密相连，将全部交易的来龙去脉完整地呈现在我们眼前。

- 防篡改：账本状态由网络参与者共识决定并且实时更新，加之环环相扣的链式结构，极大地提高了篡改账本记录的难度和成本。

- 高可用：账本在分布式网络中多点备份，即便某个节点因外部攻击等原因导致瘫痪，也不会影响整个网络继续正常运行。

- 自动化：交易以电子化形式实时处理，几乎不需任何人工干预或者手工操作；智能合约可以用于自动执行更为复杂的交易动作或者业务流程，大大扩展了区块链的功能性和便捷性。

正如《经济学人》所说，"共享公开账本或许听起来索然无趣……但区块链这个表面看来平淡无奇的东西却有彻底改变人与人之间以及商业机构之间合作方式的潜力"。从数字货币到土地所有权登记，从学位证书发放到音乐版权交易，富有创意的有识之士已经给区块链设计了各种各样"脑洞大开"的应用场景，而其中被公认区块链最为适用也最容易获得进展的领域便是证券市场的后台处理。

大盘涨跌天天看，股票基金经常买——可是这证券市场后台是什么？

第2章

资本市场交易结算
机制的前世今生

本章讨论的是一个大部分读者甚至很多金融从业者比较陌生的领域——资本市场的交易及结算。

一笔证券投资从交易指令发出到最终完成法律确认，需要经过一系列的处理环节，主要包括交易场所对交易指令的撮合、传递、确认，以及在此之后的登记、托管、存管、清算、交收等后台环节。在证券交易出现的早期，交易行为以纸质股票为载体，买卖双方的证券转让采取"一手交钱，一手交货"形式，交易结算瞬间完成。随着市场交易量的不断攀升及交易场所的发展，证券的交易结算过程不断演进，业务处理趋向专业化、集中化、高效化、安全化、标准化。与此同时，所派生出来的交易、登记、结算等业务环节也被抽象成为一个个独立的法律概念，固化在制度安排中，受到全面的监管。将交易结算全过程串联起来的是交易场所、登记机构、结算机构、托管机构等中心化主体，它们构筑起资本市场投融资活动背后的管道网络，时刻保证着市场的安全高效运行。

2.1 市场背后的管道：资本市场交易结算之谜

　　资本市场是个立体而复杂的生态系统，参与主体众多，有的是谋取利益的，例如发行人、证券公司、投资者等；有的则为市场运行提供服务，比如证券交易所、股权交易转让中心、证券登记结算机构、行业数据中心等；再有就是市场监管机构。按照业务发生的先后顺序，资本市场的运行领域大致可划分为前台和后台。对交易指令的撮合、配对、传递、确认等被称为前台环节，而在交易达成之后的事情，包括对证券的登记、托管、存管、清算、交收、数据集中等，一般被称为后台环节。一般来讲，只有当一笔投资活动走完这一完整流程后，才算是最终确认、生效。

图 2-1 金融基础设施——金融市场背后的管道系统

来源：www.dtcc.com

1. 交易：金融活动的根本动机

一般来讲，我们所看到的股票发行、买卖，都属于交易活动，主要在交易场所中完成。通过证券交易场所这个平台，需要资金的企业和手握闲置资金的投资者走到一起，实现了资金的充分高效利用。上市公司发行证券募集资金，投资者投资证券获取利润，证券公司为双方提供各项服务。

证券交易与普通商品交易没有本质区别，都遵循等价交换的基本经济学原理。在货币出现以前，人们的价值交换主要以物物交换实现，如"两头牛换一把斧子"。后来有了货币，从贝壳、金属、纸币到现在的电子货币，实现了商品与一般等价物的交换。同时，商品的形态也在逐步发生着改变，在股份公司出现后，象征着个人对于公司所有权的股权成为一种新型商品，参与到了价值交换领域。与普通商品类似，股权的转让起初也是买卖双方面对面完成，后来，类似于"黄牛"性质的证券经纪商做起了询价生意，为四处寻找证券的买家和卖家牵线搭桥[①]。现代股市形成于 17 世纪的荷兰阿姆斯特丹和 18 世纪的英国伦敦，早期的市场组织形式非常松散：荷兰的经纪商需要聚集到阿姆斯特尔河上的一座桥上进行股票买卖，而英国经纪商则集中在乔纳森咖啡馆进行交易活动[②]。

后来，为使证券交易的成本更低、效率更高，欧洲人创设了证券交易所。1802 年，伦敦证券交易所正式开张，它是世界上第一家拥有交易规范和会员自律体制的现代交易所。在交易所出现之后，股权、债权变成了标准化的股票、债券，证券交易的场所也悄然地从场外转移至场内。现如今，证券交易所在全球蓬勃发展，已经成为现代资本市场的核心机构，不仅为投资者提供多元化的交易中介服务，而且承担着重要的一线监管职能。

2. 登记：证明我的股票属于我

在资本市场产生初期，卖方和买方面对面进行交易。双方经过攀谈，三两分钟就完成一笔交易，也可以提前商量好，见面后直接"一手交钱、一手交券"，似乎在一瞬间交易就完成了。随着资本市场交易规模的不断增加，原有的业务运作模式发生了巨

---

① 类似于我国 20 世纪 80 年代的"杨百万"们拎着麻袋到处收购国库券。
② 上海证券交易所，《证券交易制度：监管约束下的创新与发展》，上海人民出版社（2013）。

变——分散的证券转让逐渐走向集中化、纸质证券逐渐消失、投资者无须现场办理权属变更等，全球资本市场逐渐意识到了后台业务的重要性，只有对证券交易结算业务进行专业化分工，形成专业化的后台设施，才能够有力地保证市场的高效运转。

证券登记（Registration）是资本市场后台环节中一个重要的概念。用一句话概括——证明我的股票属于我。

（1）登记是记名证券情况下才有的概念

如果是无记名证券，则不需要进行登记。比如，我国在1998年之前发行的票面式国库券，以持有证券的行为本身作为所有权的证明，无须背书即可转让交易，换句话说，就是"谁捡着就算谁的"。

（2）登记是个法律概念，核心是确权

所谓证券登记，指的是证券发行人或其委托的机构维护证券持有人名册，从而确认证券权属状态的行为①。通俗地讲，证券登记就是用来证明你的股票是你的；如果没有了登记，便容易出现权属纠纷。好比说，今天老张向老王转让了一只股票，老王把钱给了老张后取得了老张的股票，但是没有找中间人进行证明，也没留下字据，这样就埋下了隐患。假如当天晚上老王遗失了这只股票，又恰好被老张捡到，这时老张完全可以翻脸不认人。

（3）证券的登记一般由专业的登记机构来做

在现代资本市场，登记机构是发行人持有人名册的主要维护者。股东人数的增减、股东持有股票数量的变动，都需要由登记机构进行更新，只有他们出具的文件才具有法律效力。一般来讲，

---

① 法律上讲，证券登记具有对外的公示效力，可以对抗第三人。一旦证券持有人转让了证券，那么必须在证券持有人名册上进行变更登记，否则无法使转让行为获得对抗第三人的效力。

只要是与证券权属有关的活动，比如股票的初始发行、配股、分红、投票以及司法冻结、扣划，都需要证券登记机构的参与。

3. 托管：受人之托，代人保管

托管（Custody）的核心在于受人之托、代人保管。在现代证券交易结算制度中，投资者一般需要通过特定的中介机构才能享受证券交易场所、登记结算机构的服务。这类特定的中介机构主要是证券公司（在境外叫作经纪商、托管商、交易商等）。比如，我们每个人要想炒股需要先去券商开户，并使用券商的交易软件。由于大多数国家规定投资者需要将其持有的证券委托证券公司进行保管，才能参与市场交易活动，因此证券公司原本作为资本市场的利益参与者，实际上也承担着重要的后台职能。

普通投资者可能会觉得从来没有见过自己的股票。这是怎么回事？事实上，在投资者开通证券公司账户时，其实已经委托证券公司代为保管证券了。只是由于现在很多国家已经实现证券的无纸化，不再存在对于纸质证券的委托动作了，所以证券托管环节往往没有被投资者明显感知。

现代资本市场的证券托管内容非常复杂，与日常生活中普通的实物保管不可同日而语。在 2001 年国际组织权威发布的《证券结算系统的建议》中，托管人的职能包括为投资者保持证券持有的记录，监督股息和红利的发放，诸如股份回购、兼并收购之类的公司行动等[1]。David Loader 在《清算、交收、托管》一书中，

---

[1] CPSS-IOSCO，*Recommendations for securities settlement systems,* November 2001，p38。

列出了 16 大项全球托管商为客户提供的服务，涵盖了从账户维护、股息收取、指令传达、税收服务到证券借贷、证券交收，等等。可以看到，托管商其实是连接亿万投资者和证券交易结算业务的中间方。

　　现代证券托管机构的出现，根本目的在于提升证券登记、交收效率。目前托管服务已经高度标准化，规模效应巨大。证券公司的服务范围已经从帮助投资者向证券交易场所传送交易指令，扩展到了投资者证券的全能管家。为了做好投资者的交易结算服务，很多证券公司搭建了数十套复杂的技术系统，以保证业务的顺利进行。

4. 存管：飞越"纸面作业危机"

　　相比于全球资本市场的百年发展史，证券存管是近几十年才出现的一个"新兴事物"。虽然这项业务对于投资者来说似乎没有托管那样切身相关，但正是集中存管模式的诞生显著提高了整个资本市场的运行效率，帮助资本市场飞跃了"纸面作业危机"，保护了每位投资者的切身利益。

　　我们知道，自股票产生以来，纸质证券是股票的主要表现形式，在电子化技术成熟之前，纸质证券的登记和交割需要进行大量的纸面作业，甚至是对纸质证券的搬运。在半个世纪前的西方，为了办理股票的过户，投资者或者托管商需要拿着纸质股票来到证券登记机构办理业务，证券登记机构除了需要对证券的所有权办理变更、确认、记录等手续外，还需要对旧股票进行回收注销，并印发新的股票，流程比较烦琐。

虽然纸质证券可以"眼见为实"，一定程度上有利于交易的执行，但是业务数量一旦超出了限度就会使得参与各方不堪重负。特别是，在证券公司为投资者纸质证券进行托管的情况下，纸质证券需要在不同的证券托管商之间、托管商与证券登记机构之间进行频繁的移转，这种证券的登记和交割工作随着交易量的提升，变得越来越繁重。20 世纪 60 年代，纽约证券交易所的日均股票交易量达到了 1600 万，是 1950 年的 8 倍，当时的纸质证券的登记、交割手续还是维持着手工作业，证券托管商需要眼巴巴地等着证券登记机构处理漫天飞舞的纸质股票和支票。为了提升过户办理效率，努力减少纸质文件的大量积压，美国证券交易所和登记机构发明出了一种如今看来堪称"奇葩"的工作方式——每星期三交易所休市一天，专门用于文件处理，并且缩短每个交易日的交易时间，以便满足交易过户需求。

然而，这种治标不治本的方法并不靠谱。在 20 世纪 60 年代末期的美国华尔街，终于爆发了著名的"纸面作业危机"。危机到什么程度？纸质股票凭证在证券登记机构进行注销和印发的过程中，证券登记机构忙得手忙脚乱，搬运成包凭证和支票的工作使得工作人员疲于奔命，导致了业务环节的严重延误，甚至出现纸质凭证的遗失。证券登记机构和托管商在支付股票红股、红利时经常送错地址，大量的业务延误和错误导致有些证券托管机构因此而破产 [1]，或者导致投资者因为拿不到资金或者证券而面临严

---

[1] Securities and Exchange Commission, *Study of Unsafe and Unsound Practices of Brokers and Dealers*, H.R. Doc. No.231, 92⑭④ Cong., 1⑲⑳ Sess.13 (1971)。

重的流动性问题。在最恶劣的时期，低效率的纸面作业导致了价值数亿美元的证券交易处理延迟或者彻底失败。

图 2-2　20 世纪 60 年代美国纸面作业危机

来源：www.businessinsider.com

　　痛定思痛。随着漫天飞舞的纸质凭证尘埃落定，证券存管（Depository）这项重大的资本市场后台创新应运而生。为了节约成本、提升效率，美国人想出了一个新办法——托管商将投资者委托给他们的证券再次统一托管于第三方机构。这类第三方机构被称为证券存管机构，俗称"托管人的托管人"。证券存管的目的是将这些纸质证券集中存放，不再让每次过户都需要进行证券的移转，取而代之的是，只需要在账簿上记增或记减。全球证券史把证券集中存放在除了投资者、证券托管机构以外的第三方机构的做法，称为证券的"非移动化"或者"不动化"（Immobilization）。

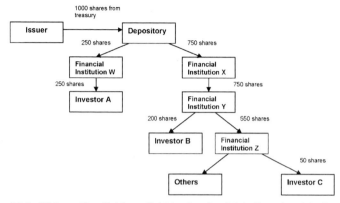

图 2-3　多级证券存管体系示意图

来源：www.oscbulletin.carswell.com

作为美国的第一家证券存管机构，成立于 1969 年的美国存管信托公司（Depository Trust Company，简称 DTC）接受证券托管商的股票集中存管，并在规模效应的驱动下，实现了存管的证券数量的快速增长。据 DTC 的年报显示，1973 年存管的证券数量达到 4729 只，股本数量达到 18 亿股。在 1974 年，DTC 存管的证券数量迅猛增长，证券数量增长到了 6356 只，环比上升 34%，股本数量也从 18 亿股增长到了 20 亿股。20 年后的 1993 年，采取高度自动化的"非移动化"处理方式，使得 DTC 存管的证券超过 100 万只，簿记交收市值达到了 27.8 万亿美元，分别是 20 年前的 244 倍和 158 倍。

5. 结算：风险防控的底线

证券资金结算包括清算和交收两个环节，可以简单理解成买方交钱拿券、卖方交券拿钱的过程。结算在资本市场后台业务中占据重要的地位，它不仅是确保证券交易顺利完成的必要条件[①]，也是市场风险防控的关键环节。尤其是中央对手方机制在结算中的应用有效防控了市场信用风险，并在 2008 年金融危机中发挥了无可替代的重要作用。

与证券登记、托管、存管类似，证券结算也是一个证券后台过程。资本市场中的结算，解决的是当证券买卖发生后，证券和资金如何正确地转移的问题。从交易达成到完成结算所用时间称为"结算周期"。现代资本市场的结算周期一般以"日"为单位，用"T"表示交易日，而常见的"T+0""T+1"和"T+2"分别指的是在交易日当天、交易日后一天以及交易日后两天完成结算。

按照境外资本市场的习惯，结算可拆分成清算（Clearing）和交收（Delivery）两个环节，清算在前，交收在后。

清算是数额计算的环节，以确定买卖双方谁该给谁多少资金、谁又欠谁多少证券。好比我们在购物结束时来到收银台，收银员清点购物车里的物品，将价格信息录入到计算机中并进行计算的过程，就是清算。清算结束时，电子显示屏上的数字就是我们应该付给商场的钱，而购物车里的物品就是商场应付给我们的商品。在清算后的交收指的是买卖双方真正交付资金和证券的环节，相当于我们在商场收银台交钱、取货的过程。在证券的结算过程中，有个重要的概念称为货银对付（Delivery versus Payment，简称

---

① 正如 Peter Norman 在《管道工与预言家》一书中所说，"无论证券交易平台如何复杂精密、交易速度如何之快，如果没有可以正确完成证券从卖家到买家以及资金从买家到卖家转移的机制，这个市场也是无法运行的"。Peter Norman, *Plumbers and Visionaries: Securities Settlement and Europe's Financial Market*, John Wiley & Sons (2007), p4。

DvP），可以简单理解为"一手交钱，一手交券"。随着证券交易所的产生，交易量与日俱增，证券交易链条不断延伸，提升资本市场后台效率的需求变得极其迫切，于是就产生了专业化的证券登记结算机构。证券结算机构，又称证券结算所或清算所，是专注于提供证券清算与交收服务的机构，它们与证券交易所、登记机构、存管机构、托管商相连接，共同构成资本市场后台的复杂管道。

在现代资本市场中，有个非常重要的结算机制，名为中央对手方或共同对手方（Central Counterparty）。所谓"中央对手方"，就是充当中央对手方职能的证券结算机构，直接或间接地介入全部买卖双方之间的市场交易，成为所有买方的卖方和所有卖方的买方，承担原先买方和卖方的权利和义务[1]。中央对手方结算机制实施多边净额担保结算，中央对手方机构对各个参与方的交收债务进行轧差并提供履约担保，极大地减轻了参与方的头寸负担和信用负担，显著地降低了全市场的交收风险。

目前，中央对手方结算已经奠定了在现代资本市场中的基础性地位。2008 年 9 月 15 日，美国雷曼兄弟公司宣布申请破产保护。由于金融市场独有的传染性，这样一艘拥有 158 年历史的巨舰倒塌，足以引起全球金融市场的全面崩塌——上万亿美元的在途交易完全停滞，信用违约将导致与雷曼兄弟存在业务关系的大量投资者、机构牵涉其中。理论上，要等到雷曼兄弟的破产清算机构弄清楚剩余财产如何处置，至少需要经历数月甚至数年的时间，而资金流动性是金融业命脉，天量的违约可能摧毁整个全球资本市场。

在这千钧一发之际，中央对手方结算机构挺身而出，冲在最

---

[1]　Jon Gregory, *Central Counterparties: Mandatory Central Clearing and Initial Margin Requirements for OTC Derivatives*, Wiley (2014)。

前线的是伦敦清算所（LCH Clearnet Ltd.）。在雷曼兄弟破产清算的一周之内，伦敦清算所帮助他们手头上的大多数头寸进行对冲或者中和，使得大量未完成的交易能够正常运行。之后，包括美国最大的证券存管结算公司 DTCC 等与雷曼兄弟公司具有紧密结算关系的结算机构也纷纷加入战斗。两周之内，雷曼兄弟名下多数客户的账户已被妥善转移到其他投资机构管理。对此，伦敦清算所集团主席克里斯·塔普克回忆道："雷曼兄弟宣布破产清算时，伦敦所有交易所都通过我们清算，其他清算所大概从没见过这么复杂和巨量的头寸。想想如果当时我们失败了，我不寒而栗。"美国最大的证券存管结算公司 DTCC 董事长 Don Donahue 在报告中称："尽管遇到了史无前例的金融市场波动和信心丧失，DTCC 成功化解了行业的风险并为可靠性提供了保证。"芝加哥商品交易所集团执行主席 Terrence Duffy 宣布："在雷曼兄弟破产清算实践中，没有一个客户蒙受哪怕一分钱的损失或发生交易中断。"[①]

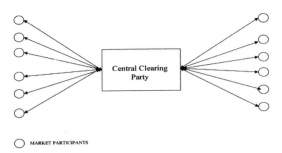

图 2-4　中央对手方清算示意图

来源：http://www.nakedcapitalism.com/

---

① 彼得·诺曼（著），梁伟林（译），《全球风控家：中央对手方清算》，中国金融出版社（2013）。

2.2 资本市场交易结算机制的演进特征

纵观全球资本市场百年发展史，交易结算机制和结构不断演进，其核心驱动力是现代商业模式的跨越式发展需求。但是，投融资需求的不断增长、膨胀，又不断引起金融市场大大小小的问题甚至是危机，这也促使交易结算模式不断自我修正，探索兼顾创新与风险、平衡发展与安全的最优选择。总的来看，资本市场交易结算的演变表现出以下六个特征。

1. 经营专业化

前文讲过，在资本市场诞生初期，证券交易、登记、清算、交收等概念还没有相互分离，交易结算过程非常简单，因此也不存在专业化的交易及结算机构。以登记为例，早在 1606 年，荷兰的东印度公司第一次发行股票，向它的出资人印发纸质凭证，持有股票的出资人就成为公司的股东。东印度公司自己建立一个账本，记录了这些股东的基本信息，如姓名、地址、联系方式，以及他们每个人持了多少股、缴纳了多少金额，最终由股东们签字确认后生效。如果股票发生了转让行为，卖方和买方需要携带着纸质证券以及相关的法律文书，在发行人公司的见证下完成证券登记信息的变更。登记信息变更后，股票的所有权发生转移，这就是证券的过户。公司会将原股东的股票注销，为受让股东印制新的股票。可见,在早期,发行人自己为自己做所谓的登记,这种登记是分散的,也是不规范的,比较容易出错。证券交易所产生之后,频繁的证券交易产生了大量的过户登记需求,在没有电子计算机的时代,烦琐的手工操作让股份公司十分吃不消。逐渐地,发行人寻求将这些手续繁复的证券登记工作外包给第三方机构,这类第三方机构就是专业证券登记机构的雏形。后来,专业的证券登记机构不断发展壮大,其服务的证券发行人越来越多,单位成本不断降低,规模效应极大显现。

值得一提的是,在证券交易所产生后,专业的证券登记机构并没有立即出现,证券登记机构的发展壮大与交易所交易量的增长是分不开的。例如,美国纽约交易所在1792年设立,但是美国的专业登记机构在100年后的1899年才出现,这是因为很长时间里,交易量并不大,加之登记手续相对简单,发行人自己就能够应付,而美国资本市场的突破性发展发生在19世纪80年代后期,这才催生了专业化机构的出现。相比美国,中国香港的交易所在1891年成立,因为那时全球资本市场已经进入了较快的发展阶段,所以短短10年之后的1902年就出现了专业登记机构。不仅仅是登记机构,证券交易场所、存管机构、结算机构等专业化经营机构,也都是在证券交易量显著攀升驱动下应运而生的。

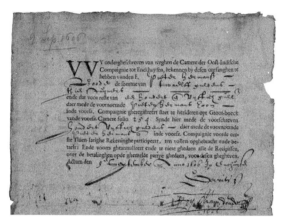

图 2-5　世界上最早的股票（东印度公司，1606 年）

2. 行业集中化

在交易结算业务不断细分之后，大大小小的专业化机构雨后春笋般地生长，但由于业务的可复制性强、利润微薄，很多机构难以长久生存，因此，在交易结算各个细分行业内部，机构之间都或多或少经历了并购重组，通过集中化经营充分发挥规模优势。总体上，在今天的资本市场中，各个工种的行业集中度比较高。比如，登记机构就明显经历了从分散到集中的过程。随着全球资本市场证券发行人规模的不断增长，证券登记这个市场的潜力逐渐显现，于是世界各国出现了很多竞争者抢夺登记市场，一个国家存在数十家上百家登记机构的情况并不少见，在 20 世纪中叶，美国的证券登记机构数量有 150 多家，中国香港也曾有 20 多家。经过多年的行业整合，目前全球的登记业务份额主要掌握在

Computershare、Equiniti、Tricor 等几家专业化登记机构手中，还有一些国家的登记业务是由法定结算机构负责。其中，澳大利亚的 Computershare 在全球范围内处于绝对领先地位，为 80 多个国家和地区提供证券登记服务。此外，在进行商业化并购集中的同时，一些国家尤其是新兴经济体，出于安全、效率和成本的考虑，建立了法定登记体系，也就是赋予证券登记机构法定的职责，中国大陆、芬兰、挪威等国家采取这种模式。有研究显示，目前全球已有 30% 的市场采取了法定的集中登记的模式①。

再如，存管机构的集中化特征也十分明显。起初，美国存在着多家证券存管机构，后来这些机构的业务在激烈的市场竞争中基本被 DTC 收编，其中具有代表性的事件包括在 1992 年、1995 年、1997 年，太平洋证券交易所、中西部证券交易所、费城证券交易所分别关闭了证券存管业务，全部由 DTC 承接。目前，DTC 是美国的中央证券存管机构（Central Securities Depository, CSD），实现了存管业务的集中统一运作。这种集中化的趋势也在欧洲得到了体现，例如欧洲最具代表性的证券存管机构 Euroclear，在 20 世纪 90 年代在英国、芬兰等国家收购了众多证券存管公司。

3. 资产无纸化

为满足人们日益增长的消费、投资需求，货币经历了从实物

---

① Thomas Murray 于 2013 年 6 月份发布的 *CMI in Focus: Registration* 显示，在其所跟踪评估的 95 个市场中，有 28 个市场（近 30%）至少对上市股票采取了全部法定登记模式。在欧盟 25 个市场中有 10 个采取中央登记模式。

到纸质再到数字化的演变过程。目前，很多国家采用了电子货币，还有的允许比特币等数字货币流通，货币轻量化、交易快捷安全成为全球趋势。资本市场遵循类似的规律，随着电子计算技术的发展，纸质证券不断减少，用无纸化（Dematerialization）逐渐替代将纸质证券集中放置于存管机构的非移动化方式，以消除纸质证券伪造、遗失、损坏的风险。目前，证券无纸化发行、登记、存管的方式已成为世界的主流方式。但由于历史原因，欧美、中国香港等部分国家和地区尚未消除纸质证券，而以中国为代表的新兴经济体，在资本市场发展初期便直接全面实行证券无纸化，完全采取电子簿记的方式记录证券的持有和变动情况。

4. 处理高效化

效率是资本市场运作的永恒追求，交易结算效率是资本市场运作效率的重要反映。

一是交易效率。集中化证券交易所产生后，逐渐取代了原有点对点的传统交易模式，投资者寻找交易对手方的成本显著降低，市场价格得以有效发现，通过交易主机达成的交易速度更快，交易活动相比以前更加透明化、快捷化、便利化。

二是时间效率。证券交易结算周期的长短直接关乎风险的大小，同时也影响着市场资金的使用效率。一般来讲，交收时间越长，信用风险越大、资金使用效率越低。鉴此，全球资本市场一直在推动缩短交收周期[1]。目前，主要市场的交收周期已经从最起初的

---

[1] The Boston Consulting Group (2012), *Cost Benefit Analysis of Shortening the Settlement Cycle* 以及 DTCC (2014), *DTCC Recommends Shortening The US Trade Settlement Cycle*。

T+5 日甚至更长缩短为 T+3 日，并且正在形成 T+2 日占主导的新格局。研究表明，交收周期由 T+3 日调整至 T+2 日，可以使美国资本市场买方潜在损失敞口减少 35%，并使 DTCC 在结算业务方面的流动性需求降低 20%。中国目前采取 T+1 日的交收期。

三是资金效率。一方面，交收期的缩短降低了用于结算的资金占款时间；另一方面，中央对手方结算实施净额轧差，市场参与人的收支相抵，显著地减少了交收头寸，降低了交易成本。

5. 风险最小化

没有风险的资本市场不是真正的资本市场，但重大风险频发的资本市场也不是健康的资本市场，必将损害投资者合法权益、伤害实体经济，难以长久存在。防控风险是金融市场发展的永恒主题，资本市场交易结算机制发展的每一步都蕴含着风控的内涵：专业化的证券登记机构和法定登记体系的出现，提高了证券权属的确定性，有助于减少法律纠纷。中央存管体系和无纸化交易机制的建立，有效地避免了大量纸质证券的移动，显著降低了手工操作风险。中央对手方结算完美地处理了雷曼兄弟破产危机，有效防止了交收违约发生连锁反应，给全球经济造成更大的创伤。今天的资本市场，特别是在 2008 年全球金融危机后，防控风险被提到了更高的位置。国际组织 2012 年发布的《金融市场基础设施原则》在全球大力推行中央对手方结算、货银对付机制和无纸化运作，同时，各国的证券交易场所也更加注重监管职能的发挥，维护市场稳定。

6. 运作法制化

任何一种机制，只有上升为法律或者公认原则，固化在制度中，才标志着真正走向成熟。可以清晰看出，交易结算机制的数个单点突破带动了法律框架的演进，逐渐形成公认的标准化运作模式。例如，20 世纪六七十年代"纸面作业危机"催生的证券中央存管被纳入了法律和国际准则。1952 年，美国《统一商法典》开始认可证券存管机构簿记记账。1975 年，美国国会修改了《美国证券交易法》，规定了合法的清算存管机构，要求在任何证券挂牌交易前必须进行存管，在美国 1987 年股灾后，由 30 人组成的国际金融和货币事务咨询小组（又称"30 人小组"或"G30"）。1989 年，针对证券结算体系发布了《关于证券清算交收体系的报告》[1]，提出要建立完善的中央证券存管机构，逐步实现证券的非移动化和无纸化。再如，中央对手方结算。在金融危机爆发后，2009 年 G20 首脑会议要求所有标准化的场外衍生品合约通过中央对手方清算。2012 年，国际组织发布《金融市场基础设施原则》，强化了中央对手方作为资本市场后台结算的基础性地位。

 小结

长期关注资本市场的资深记者 Peter Norman 在《管道工与预言家：证券结算与欧洲金融市场》一书中写道，资本市场的结算业务"虽然没有那么光鲜亮丽，而且除非出错否则往往被人忽视，

---

[1] Group of Thirty Recommendations Regarding Securities Clearance and Settlement。

但它对于整个市场具有决定性的意义"。^① 此言不虚，神秘的资本市场交易结算业务实际上与我们每个人都息息相关。集中化交易场所使发行人和投资者高效地开展投融资活动，登记托管机构保护着投资者的财产权益不受侵害，无纸化中央证券存管机构让数以亿的日交易量从梦想变为现实，中央对手结算所让市场便捷安全地完成钱券的清算和交收，从而避免发生频繁的债务违约……资本市场的交易结算设施就是这样的一群"幕后英雄"，它们从不会出现在聚光灯下，却一直用自己的行动默默地维持着市场的正常运行。

自 20 世纪后期以来，国际金融组织和各国金融监管机构不断从经济金融危机中汲取教训，不断反省并改进监管标准，具有代表性事件的包括国际清算银行数次修订《巴塞尔协议》，美国实施《多德－弗兰克法案》，欧洲实施《欧盟金融工具市场法规》《欧盟市场基础设施规则》《欧盟中央证券存管条例》，世界银行和国际货币基金组织开展 FSAP 评估，国际证监会组织和国际清算银行发布《金融市场基础设施原则》，等等。长期以来，全球资本市场一直围绕着高效与安全两大主题发展演进，与十几二十年前不同的是，今天的资本市场将宏观审慎管理和防范系统性风险、打击违法犯罪和反洗钱放在更高的位置，并将金融市场交易结算基础设施作为加强一线监管、维系市场信任、确保市场稳定运行的根基和新前线。

---

① Peter Norman, *Plumbers and Visionaries: Securities Settlement and Europe's Financial Market*, John Wiley & Sons (2007), p4。

第3章

区块链：未来的交易
结算基础设施？

　　资本市场交易结算体系，是多年市场实践改良的产物。它以基于身份验证的信任机制为前提，主要由金融基础设施作为信任的核心集中维护账本并存储数据。中心化是它的名片。

　　区块链，神秘人物中本聪的天才创造。它不需要什么信任，也没有什么核心，账本的维护和存储由网络节点分布式完成，密码学算法保障账本的安全可靠。去中心化是它高举的旗帜。

　　区块链似乎从一开始就被赋予了不凡的使命。区块链信仰者认为，中心化的资本市场交易结算体系保守陈旧，复杂低效，而区块链会像传说中普罗米修斯带给人类的火种一样，颠覆金融基础设施为代表的现有架构，以去中心化的实时结算系统掀开资本市场史上崭新的一页。

3.1 "安全却复杂"的资本市场

回顾资本市场发展的历程，中心化资本市场交易结算设施的建立和发展为提高市场效率、管控系统性风险发挥了至关重要的作用，但这并不意味着现行的体系就已经尽善尽美。随着市场发展和技术进步，市场对于进一步提升效率、降低运营成本的呼声越来越高；甚至有人质疑，中心化资本市场的运行是否已经不堪重负，基础设施的改进完善是否已经"黔驴技穷"？正是这些问题给了区块链技术"可乘之机"。

确保市场"不出事"、维护市场稳定，是资本市场基础设施的首要任务[①]。每往前走一步，哪怕是一小步，这些市场背后的管道系统都要去权衡追求效率与安全之间的平衡。但另一方面，基础设施作为保证市场正常运作的核心，又难以避免地受到历史包袱的拖累以及技术条件和业务需求等多方面因素的影响，变得"安全却复杂"，使得市场参与者"又爱又恨"，一边享受着基础设施带给他们通往市场的便利，同时也不得不面对与之相伴的较高

---

① 甚至有观点认为，资本市场的后台设施并不是为了创新而生。Bureau of National Affiars, Inc (2015), *Blockchain Technology and Legal Implication of "Crypto 2.0"*。

的交易成本，而更重要的则是市场整体的效率损失。这一点在发达国家的资本市场中体现得尤为明显。欧美等国的资本市场起步早、发展时间长，交易结算业务从无到有，先后经历了非移动化、无纸化等多次调整，在各方利益博弈中经过了长时间发展和不断调整，才形成今天的格局，是"安全却复杂"的典型代表。

1. 冗余的中间环节

以美国股票市场为例，美国股票市场的交易后处理涉及买卖双方的经纪商（相当于中国的证券公司）、托管银行、交易所以及作为美国资本市场基础设施的 DTCC；业务流程包括多次往返确认和操作指令，目前整个结算过程需要 3 天时间才能完成[①]。在这样的制度安排下，不仅不同市场参与者对于同一笔交易所做的记录可能发生差异，而且 DTCC 出于落实监管政策以及防控系统性风险的需要，对结算参与人提出保证金要求，又额外造成了市场参与者的资金占用。根据高盛的估算，美国股票市场参与者的此类资金占用总量通常约为 67 亿美元[②]。

业务流程长的问题在跨境交易中尤为突出。按照全球资本市场目前的实践，投资者跨境交易的结算除了需要买卖双方的经纪商、托管行以及相关基础设施的参与之外，还会涉及专业从事跨境交易处理的全球托管行（global custodian）或者国际中央证券存管机构（international central securities depository，简称 ICSD），

---

① 本书撰写之时，DTCC 正在牵头开展美国证券市场交收期由 T+3 向 T+2 迁移的工作。此外，欧盟等市场也出台了交收期 T+2 迁移的计划。
② Goldman Sachs (2016), *Blockchain: Putting Theory into Practice*。

环节进一步增加，协调和沟通的成本也会进一步提高。

造成市场交易结算业务中间环节多、业务流程长、处理成本高的原因主要在于全球资本市场发展所带来的专业化细分。证券的交易场所、登记机构、存管机构、结算机构、托管商等主体相互独立，市场参与者在收获专业化分工收益的同时，"硬币"的另一面是这些独立的机构必须共同工作，才能完成每一笔证券的交易和结算处理。然而在现实中，这些独立机构很难实现"无缝衔接"，在进行业务协同过程中，这些机构之间会产生大量的"摩擦"①。市场参与者的交易成本和结算效率的损失在很大程度上都源于这些"摩擦"。

2. 自动化程度明显滞后

尽管无纸化处理早已成为全球资本市场的主流，但实际上全球资本市场，特别是欧美等发达市场的自动化程度总体上仍然较低。这一方面是拜现行资本市场运作的复杂设计所赐，另一方面则是由于发达市场的参与者长期有手工操作的顽固惯性。手工操作的问题是显而易见的。据高盛估算，美国股票市场中有 10% 的交易需要后台手工对账②，这给经纪商和托管银行带来了不小的人力和系统成本。另外，"人有失手，马有乱蹄"。自动化程度低

---

① 业务摩擦主要是因为各个机构均维护自己的一套数据系统，在技术系统搭建和业务口径设计的逻辑存在差异的情况下，每家机构的账本数据要想共享给他人，必须"翻译"成别人能够看得懂的格式或者制式。机构之间数据传输过程中的大量对账环节使得数据难以"直通"（straight-through process），市场运作效率受到很大的影响。

② Goldman Sachs (2016), *Blockchain: Putting Theory into Practice*。

蕴藏着严重的操作风险和道德风险，任何操作人员的疏忽失误、玩忽职守都可能给投资者带来经济损失。但问题在于，谁也不愿意在木质的马车上安装厚重的钢铁车身——手工操作的做法已经沿用了这么多年，现在改用系统自动化处理还要消耗大量的财力和人力，为什么要自讨苦吃呢？

3. 数据黑箱

目前，资本市场的交易、登记、托管、存管、结算等环节采取中心化模式，相应的数据账本由对应的证券交易场所、登记结算机构和托管券商独立维护，原则上互不共享。因此，特定业务领域的全部数据只由承担特定职责的机构独自拥有，形成了数据黑箱，使得数据对全市场的透明性很低。除了为满足特定业务申请人的查询使用以及市场监管要求等特殊需要，这些内部数据一般不会向全市场公开。这样就使得市场参与者特别是投资者无法对基础设施的数据进行审计，只能被迫信任这些中心化机构维护数据的真实性、准确性和完整性。

4. 单点失败风险

中心化基础设施容易受到单点攻击，可能威胁到整体账本的安全性。对于网络攻击者来说，中心化的资本市场基础设施就像标靶的靶心，只要攻破它所维护管理的数据库就可以获取甚至修改全市场的数据，对于一个主要靠电子化运作的资本市场，这样的风险是致命的。虽然基础设施投入大量人力物力以维护自身数据安全，但毕竟"道高一尺，魔高一丈"，近年来网络安全事件频发 [①]，没有哪家基础设施敢保证自己的数据库绝对安全。

3.2　区块链的先进性

比特币在支付领域中的颠覆性革命让人们开始以新的眼光审视资本市场交易结算处理中的各种问题。甚至有人断言，如果可以在现在这个时点从零开始选择全球资本市场运营处理的模式，那么我们肯定不会再走"老路"，而是会理性地选择以区块链技术为基础，构筑一个完全不一样的资本市场。

区块链在资本市场交易结算处理中究竟能拥有哪些机会？结合区块链本身的特性和资本市场的现状来看，区块链的作用主要体现在以下七个方面。

1. 基于密码的信任

社会的一切经济活动都建立在信任的基础之上。传统的信任构建，一般需要两个人面对面签署有形契约。如果两人之间存在时间和空间距离，则通常以第三方中介作为鉴证。资本市场参与

---

① 全球金融通信网络 SWIFT 系统近年来先后被黑客攻击，受害者包括厄瓜多尔和菲律宾的银行以及孟加拉中央银行，引起全球金融业对于网络安全问题持续关注。

者信任的建立主要是通过后一种。例如，投资者需要接受证券公司的身份审核才能进场交易，证券交易所集中撮合来自不同投资者的报单，中央对手方为各结算参与人进行交收担保，等等。

与传统的信任构建方式不同，区块链是一种基于"去信任"的分布式数据库技术，它可以在不存在第三方中介的情况下，让处于世界两端的匿名人士"建立信任"，可以通过互联网安全地进行价值转移。这种转移方式之所以在比特币中获得成功，关键在于区块链的密码学内核。基于数学的密码学贯穿从区块链形成到交易记账的关键环节，使得记账结果永久储存、不可篡改，看似复杂的设计，但产生的结果却是极简的，在用户端创造了更为简单、稳固、长久的新的信任基础。这使得区块链被誉为"信任的机器"。更重要的是，区块链打开了人类的想象，未来的世界是否完全由机器替代人工尚不得而知，但区块链确实加固了人们对于科学的笃定，在不知应该相信谁的情况下，相信科学可能是个更为可靠的选择。与此同时，庄严的法律之门似乎也被敲响，"代码即法律"的金句因区块链而生，必将促使人们对现行社会运行规则体系的反思。

2. 效率的润滑剂

上节提到，由于历史和制度原因，全球资本市场的结算领域普遍存在环节多、层次复杂的问题，数据流需要在不同机构之间进行反复传递；加之由于这些机构技术系统相互独立，导致数据不统一的情况时有发生，需要手工操作才能解决，造成成本增加、风险积聚。区块链利用点对点组网技术实现同一份数据在全网所有节点的备份存储，达到"平台大一统，全网一本账"的效果，消除现行架构中不同系统之间的记账差异，让手工 / 电子对账成为历史，不仅有助于加强资本市场交易结算业务的自动化水平和处理效率，更可以相应地减少繁杂操作流程带来的人力和系统成本[①]。

区块链不仅有助于增加会计收入，还有利于提升经济效率。以股东大会投票为例，美国等境外市场中存在所谓"空洞投票"（empty voting）的现象，简单来说，就是希望通过证券持有人大会投票结果对发行人施加影响的投资者可以通过交易实现证券经济受益权与投票权的分离，甚至可以在实际不持有证券头寸的情况下获得投票权。在网络投票中运用区块链技术将极大地提升投票透明度，不仅有助于遏制"空洞投票"，还能帮助监管机构察觉内部人控制，对违规违法的行为给予及时打击，显著提升整个市场的公平公开程度，市场的经济福利（economic welfare）将会随之增加。

3. 降低系统性风险

常言道"夜长梦多"。资产交易结算周期的长短直接关乎系统性风险的大小，一方面，交收期过长或者过短都可能增加市场参与者交收违约的概率，从而也就更可能引发连锁反应的系统性风险。另一方面，结算设施出于自身风控考虑，一般会要求市场参与者预先提交担保品，交收期越长也就意味着这些作为担保的资金或者证券被冻结的时间就越长，造成这部分资金或者证券的

---

① 根据高盛的估算，区块链技术可以帮助美国股票市场在中后台处理环节降低大约 20 亿美元的成本，参见：Goldman Sachs (2016), *Blockchain: Putting Theory into Practice*。

利用率大打折扣。在这种情况下，全球资本市场一直在推动合理缩短交收周期[①]。目前，主要市场的交收周期已经从最起初的 T+5 日甚至更长缩短为 T+3 日，并且正在形成 T+2 日占主导的新格局。但是在现有技术条件和业务格局下，将交收周期进一步缩短至 T+1 甚至更短仍然具有较大的难度。

从第 1 章的介绍中我们不难看出，比特币等现行区块链网络具有接近于实时逐笔全额结算的特征；如果将每生成一个新区块视作对总账进行一次更新的话，基于区块链的结算系统理论上每天可以进行超过数百次的更新，远远快于现行证券交易的结算速度[②]。以此看来，区块链技术应用于证券结算，有望带来交收周期的大幅缩短以及系统性风险的降低。

4. 交易智能化的助推器

有研究认为，考虑到证券是发行人和投资者之间的一项契约，证券持有人拥有对发行人的各项权利，包括分红收益权、投票权、购买选择权等[③]。利用智能合约技术编写智能证券，理论上也能够

[①] 研究表明，交收周期由 T+3 调整至 T+2，可以使美国证券市场买方潜在损失敞口减少 35%，并使 DTCC 的在结算业务方面的流动性需求降低 20%。参见：The Boston Consulting Group (2012), *Cost Benefit Analysis of Shortening the Settlement Cycle* 以及 DTCC (2014), *DTCC Recommends Shortening The US Trade Settlement Cycle*。
[②] 实际上，比特币网络目前存在由于记账节点按照交易手续费多少选取记入新区块的交易，造成一些不含手续费的合格交易长时间不会写入区块链的情况。此处不考虑这种特殊情况。
[③] Eric Wall, Gustaf Malm (2016), *Using Blockchain Technology and Smart Contracts to Create a Distributed Securities Depository*。

体现投资者的这些权利。理论上，任何由特定事件触发的业务，均可通过智能合约设计来实现。欧洲中央银行研究认为，智能合约技术可能在较大的广度和深度上提升资产管理行业运营效率，提升业务运行的自动化水平[①]。例如，在股息红利发放日，资金自动锁定并从发行人的账户中分配至投资者账户，自动的税收返还和股份拆分等。

除了智能证券的编写、分红派息处理、净额轧差等领域，OTC 市场中的金融衍生品也是个理想的运用场景。OTC 衍生品工具的设计非常复杂，衍生品的交易一般限制在特定机构投资者或者个人大户投资者，而且通常为两个对手方一对一交易。考虑到 OTC 市场的监管要求相对宽松，智能合约对提升 OTC 市场的交易效率、降低法律和执行成本可能非常有效[②]。此外，智能合约影响不止 OTC 市场，NASDAQ 正在用智能合约进行证券交易；初创企业 Symboint 建立了一个平台用智能合约交易公司债券、辛迪加贷款、私募股权等，使得业务过程费用更低、速度更快。除此之外，智能合约技术还能够完成自动的净额轧差和保证金补充。

5. 便利跨境交易

在全球经济一体化的背景下，资产的全球配置已经蔚然成风，

[①] Andrea Pinna, Wiebe Ruttenberg (2016), *Distributed Ledger Technologies in Securities Post-trading*, European Central Bank Occasional Paper Series。

[②] Dylan Bargar (2016), *The Economics of the Blockchain: A Study of its engineering and transaction services marketplace*。

各个国家和地区之间资本市场的互联互通也是大势所趋。但受制于法律辖区相互独立，各国金融基础设施长期各自为政、系统不互通、标准不一致等问题，造成跨境交易环节多、难度大、成本高。

欧盟市场的经验可以作为鲜活的事例：欧洲各国之间金融系统联系密切，但长期存在跨境证券交易环节多、流程复杂、成本过高的问题。欧盟成立后，进一步推进欧洲金融市场一体化的问题摆上议事日程。为了简化跨境交易流程、降低跨境交易成本，欧洲央行于 2006 年开始主导推动了 Target2-Securities（简称T2S）资本市场后台整合项目，旨在欧盟各成员国市场现有证券后台设施基础上建设统一的证券交易结算平台。过去 10 年中，欧洲央行协调各方艰难推动 T2S 项目，投入巨大，但项目至今仍未完成。

区块链在这方面有着独有的优势。一方面，区块链是一张大网，没有过多的中间环节，不同区域的机构以较低的成本加入到区块链网络中，避免了独立系统之间的多头对接；近乎实时的结算周期，使得区块链网络的运行时间更为灵活，甚至可以考虑采取全天候不间断服务，处于地球两端的市场可以通过区块链网络进入同一个"时空"。另一方面，后台的打通必然将反过来驱动前台的融合和整合，不同司法辖区的金融市场可以在同一"语境"下参与同一场游戏，这样将促进一个区域的资产在全球范围内的盘活，充分发挥资产的价值。

6. 监管科技的有力武器

　　资本市场的"透明度"含义丰富，从发行人财务数据和重大
事项的披露，到市场参与者的交易细节，都可以归入市场透明度
的范畴。维护市场公开透明不仅是全球资本市场监管者的重要职
责，也切实关乎所有市场参与者的利益：一方面，合理透明的市
场可以杜绝内幕交易等"浑水摸鱼"的不法行为，保障投资者的
合法权益不受损害；另一方面，一旦危机降临，监管机构对相关
市场参与者交易情况的了解程度就像消防队员对火场内部情况的
熟悉程度一样，将直接影响到救市以及后续措施的成败。

　　而透明度也正是区块链的特长。从比特币的运行机制中我们
不难发现，这种"人手一份账本"的极高透明度不仅是区块链标
榜自身"去中心化"使命的旗帜，更是保障区块链安全不受篡改
的关键手段——可以说，区块链的公开透明是由表及里、深入骨
髓。基于区块链的证券后台业务处理模式，有望推动"直接持有"
体系在全球市场的推行，让监管机构得以冲破重重中间环节的"烟
幕弹"，实现"看穿式"的监管①；如果应用区块链技术构建场外

---

①　2008 年金融危机后，不少国家的监管层都在积极探索并推动建立看穿式的监
管（See-through System）；2010 年美国股市发生"闪电崩盘"后，美国金融监管
当局致力于推进建立全球统一的看穿式系统 CAT（Consolidated Audit Trail）；欧
盟在 2014 年先后由欧洲议会和欧洲委员会通过《欧盟金融工具市场指令》（第 2 版）
（MiFID 2）和《金融工具市场监管法规》（MiFIR），对原有法规进行了大量调整，
重点加强了交易前后信息披露透明度，并引入了全球法人机构识别编码（LEI），
加强看穿式监管；澳大利亚加强对于监管信息的收集，要求证券公司必须向交易
所披露指定的监管信息，所有交易所须向澳大利亚证券投资委员会提供所有监管
信息。

市场的基础设施 [①]，更可以在提升场外交易处理效率的同时，让监管真正做到"无死角"，提高整个市场的安全性。正如美国商品期货委员会（CFTC）主席 J. Christopher Giancarlo 曾说的那样，"如果 2008 年（危机发生前）有一份准确记录雷曼交易的分布式账本"，那么"监管机构就可以更早地采取措施应对雷曼不断恶化的信用状况" [②]。

7. 数据安全的防火墙

资本市场是个虚拟市场，核心是证券，甚至可以说它的价值就体现在证券上，因为证券代表着实体经济资产。随着无纸化的普及，纸质证券上的信息被转为数据存储在基础设施的数据库中，从这个意义来讲，上市公司的实体资产价值由数据反映。由于法定基础设施出具的数据凭证具备法律效力，因此在数字多一个 0、少一个 0 都事关重大。

加强资本市场的网络建设已成为国际共识，不少监管组织发

---

① 目前，场外市场的基础设施主要是适用于场外衍生品的交易报告库（Trade Repository），简称 TR。2008 年金融危机后，全球证券市场各大监管机构普遍意识到了建立场外衍生品 TR 在提升市场透明度方面的重要性。2009 年 9 月，G20 领导人在匹兹堡会议上达成一致决议，要求场外衍生品合约必须报送给交易数据库。2010 年 10 月，CPSS 和 IOSCO 专门在场外衍生品监管改革建议中对交易报告库进行了论述。2012 年 4 月，CPSS 和 IOSCO 在《金融市场基础设施原则》中特别对交易报告库事宜作出规定，要求报告库中的数据应当是广泛而详细的，从而提升市场透明度，支持政策目标的实施。

② US Commodity Futures Trading Commission, "Special Address of CFTC Commissioner J. Christopher Giancarlo Before the Depository Trust & Clearing Corporation 2016 Blockchain Symposium", http://www.cftc.gov/PressRoom/SpeechesTestimony/opagiancarlo-13。

布了标准化规则，以保证数据安全可靠。与传统的加固单一基础设施技术安全性不同，区块链另辟蹊径，提供了极具启发性的分布式＋非对称加密的解决方案。前者是自顾自苦练增肌，后者是大家手挽手共同御敌，哪个更为坚固显而易见。因此，区块链具有强大的容错能力，在血液中流淌着抵御外部攻击的抗体。它利用分布式节点和高性能服务器支撑点对点网络，网络中的全部节点共同认证和储存数据，一个或几个节点的出错不会对系统的正常运行产生影响。区块链的技术模式可以根本性地提升资本市场基础设施的数据安全等级，避免因单个基础设施受到网络攻击而使整个账本数据面临安全威胁的情况发生。

3.3　新型基础设施

以区块链技术为代表的金融科技的蓬勃发展，与其说是打乱了资本市场原本的发展步伐，不如说提供了一条更为宽阔的可选道路。在资本市场，交易结算机制的重大创新从来都是"惊天地、泣鬼神"。有的创新来源于更有效的机制安排，比如，交易活动从场外转移到场内催生了集中化的交易所，比如，证券交收从分散到集中由中央存管机构进行"非移动化"处理，飞跃了严重制约交易量增长的"纸面作业危机"，再比如，中央对手方对交收头寸进行多边净额轧差并实施担保，极大地消化了资本市场整体的违约风险，使市场比以往任何时候都更有信用。有的创新则来

源于科技进步,最具代表性的就是计算机的普及带来的证券无纸
化发行与交易。而我们看到,当今世界由科技革新推动的创新创
业已达到了前所未有的高占比,这次扣动资本市场交易结算基础
设施创新扳机的又是信息技术,它为我们打开了未来资本市场新
蓝图的想象空间。区块链有望与云计算、大数据、人工智能、生
物识别等信息技术一道,构建新型的资本市场基础设施。在新型
基础设施的保驾护航下,资本市场很可能朝着以下四个方向发展。

1. 市场公平有序

（1）基于数学的信任系统

法定数字货币落地生根,密码技术广泛并成熟地应用,资产
交易可以不需要中间方,交易过程可以在点对点之间合法地完成,
交易结果可以真实有效地永久储存、追溯和审计。技术系统能够
提供具有很强效力的征信,全行业的征信成本显著降低。

（2）极高的监管科技化水平

全行业交易结算数据真实、全面且标准一致,全口径数据互
联互通,监管机构及重要基础设施机构能够依法便捷地获取、使
用充足的数据,可以快速精准定位到每一笔交易的详细信息,看
穿式监管和行为监管强力有效。

（3）合规问题不再是市场机构的心病

市场经营机构内部的资产交易流程科技化普遍实施,每一关
键环节都有严格明确的行业监管标准。

（4）市场秩序明显改善

证券直接持有模式普遍实行。加密、透明、可追溯的技术系统对违法违规者形成强大威慑，内幕交易、市场操纵等重大违法违规事件明显减少，市场生态环境得到净化，市场参与者的整体经济福利明显提高。

（5）技术代码与法律法规有机衔接

技术代码在资本市场的运用拥有明确的法律地位，基于技术代码的交易结算结果具有很高的法律确定性。技术代码编写完善，智能合约能够按照法律法规及业务规则有效执行。

2. 运作安全稳定

（1）强有力的系统性风险管控体系

证券交收的货银对付（DvP）全面实施，保证金预警及时准确，高效的逐笔全额结算普遍施行。

（2）技术系统稳健可靠

技术治理体系完备，行业标准明确、统一，技术代码审核体系完善，基本消除代码编写的操作风险和道德风险。

（3）网络安全系数显著提高

分布式架构抵御外部攻击的能力得到充分发挥，账本数据的泄露概率很低，资本市场基础设施的业务连续性得到坚强保障。

3. 交易灵活智能

（1）可编程证券

电子化证券演变为数字资产，每类证券的内在属性可以全面、真实地反映在相应数字资产中，并可根据实际需要依法灵活编写，具有很强的可拓展性。

（2）证券发行交易过程高度智能化

证券发行的审核、投资者的身份验证及交易主要由区块链及生物识别、云计算、大数据等技术执行，实现这些环节的去人工化和非现场化。涉及增发、配股、分红派息、董监高管理、股权激励等公司行为的，主要由智能合约及区块链等技术执行。智能合约成为对投资活动实施监管的主要手段。

（3）交易的时间和空间极大拓展

证券交易支持7×24小时，投资者交易时间灵活可控。高效便捷的跨境资产交易普遍推行，不同司法辖区的投资者相互交易不再面临时间和空间限制。

4. 处理简洁高效

（1）中心化基础设施的重塑

随着基于加密技术的信任机制的不断成熟，传统第三方中心化基础设施的职能在长期内将会重塑，基础设施的整体规模趋向于缩减，特别是交易场所和证券公司作为交易媒介的功能可能萎缩。众多交易结算基础设施原有的信任维护功能被技术系统替代，相应职能逐渐剥离，最终重整为少数几家主要承担规则制定者、风险管控者和技术开发者角色的基础设施机构。

（2）统一的账簿

各家机构共用技术系统，业务链条明显缩短，市场整体性提升。中间环节降到最少，业务运转高度标准化，技术摩擦及用于协调沟通的人工干预基本消失，业务效率提升到很高水平，参与者交易成本明显降低。

（3）纸质证券消失

全部资产交易在电子化技术系统上直通式完成，交易过程和结果全部信息不可篡改地永久保存。

（4）实时结算

交易到交收环节的时间单位从"日"缩短到"分秒"级处理。

（5）行业交易成本大幅降低

因业务链条精简、行业重构，由交易、登记、存管、清算、交收等独立环节产生的交易成本显著降低。

小结

区块链的意义远非仅为资本市场交易结算运营提供一套分布式加密的可选技术方案。区块链之所以在金融业圈粉无数，关键在于它被视为拥有新型资本市场基础设施的潜质，借助信息技术变革带动"游戏规则"重塑，推动资本市场朝着"更高更快更强"演进——更高效能的运作和监管，更快捷智能的交易，更有力的信任基础和风险控制。且不论区块链究竟能否成为资本市场的救世主，或者所谓新型基础设施是否基于区块链技术——哪怕退一步讲，也许区块链只是个搅局者，仍然不可否认的是，它在比特币上的成功，已令无数资本市场人士为之着迷，使人们开始从信息技术变革的角度重新审视和修正资本市场的发展路径。事实上，从资本市场的监管者、基础设施、市场经营机构、技术开发企业之间开始进行博弈的那一刻起，区块链就已经成功了。

第4章

八仙过海：境外证券
市场区块链应用案例

　　区块链到底是不是变革证券市场格局的普罗米修斯之火？仁者见仁，智者见智。

　　比特币风行欧美之后，区块链研究和应用的热潮也首先从发达国家的证券市场逐渐兴起。证券市场的利益相关方群雄并起，基于自身的角色和利益，或大刀阔斧、勇往直前，或稳扎稳打、徐图进取，或静观其变、伺机而动，可谓"八仙过海，各显其能"。这场由金融基础设施、市场机构、监管机构共同参与的多方博弈最终将决定区块链的前景以及证券市场后台的未来。这一章，让我们来看看境外市场正在进行的一些探索以及初步成果。

4.1　澳大利亚证券交易所 CHESS 系统替代项目

澳大利亚证券交易所（Australian Securities Exchange，简称 ASX）是目前全球市值最高的十大上市交易所之一，其业务范围涵盖上市、交易、清算交收以及自律监管，上市品种则涵盖股票、债券、基金以及各类证券和商品的衍生品。

2017 年 12 月 7 日，ASX 正式宣布将采用美国区块链初创企业数字资产控股集团（Digital Asset Holdings，简称 DAH）开发的区块链系统替代目前负责股票市场交易后处理的清算所电子次级登记系统（Clearing House Electronic Subregister System，简称 CHESS）①。消息一出便引发了强烈的反响：这不仅仅因为 ASX 是首家公开宣布将大规模应用区块链技术的大型金融机构，更因为 ASX 并未选择从已经获得公认的低频、小额、离散、区域场景入手，而是选择直接将区块链应用于场内股票交易后处理业务。

---

① ASX, "ASX Selects Distributed Ledger Technology to Replace CHESS", ASX Media Release, 7 December 2017。

如此大胆的方案，是否只是 ASX 追赶潮流的一时冲动？

1. 一次雄心勃勃的探索

　　CHESS 系统不仅实现了澳大利亚股票市场的无纸化，更大大提升了市场效率，可谓功勋卓著。但已近三旬"高龄"的 CHESS 已经日显老态，系统自有标准落后、兼容性差、开发部署成本高[①]的问题更成为 ASX 发展的一个瓶颈。因此，为 CHESS 系统更新换代势在必行。

　　早在 2015 年 2 月，ASX 就在其 2014 年度下半年业绩报告中表示，将在接下来三到四年中先后对集团的主要交易平台和交易后处理系统进行升级改造，而新系统不仅要使用符合国际标准的协议并具备多币种处理能力，还必须降低用户成本、提升风险管理能力[②]。怎样的解决方案才能满足 ASX 的雄心？

　　就在这时，区块链进入了 ASX 的视野。ASX 股权交易后服务总经理 Cliff Richards 在 2016 年一次内部交流会上指出，选择区块链是 ASX 深思熟虑之后的决定："传统技术手段在处理数字资产的转移方面存在很大的问题，相比之下，分布式记账可以更好地交易并储存数字资产信息。此外，虽然现行技术系统表现出色，但在诸如网络安全这类的非功能维度上，区块链具备更大的优势。"

[①]　根据与相关机构的内部交流，澳大利亚市场证券后台系统的自有标准导致在澳大利亚市场投资的后台处理成本高达其他市场的 6 倍之多。

[②]　ASX，"ASX Limited Half-year Results to 31 December 2014"，ASX Media Release 12 February 2015，http://www.asx.com.au/documents/investor-relations/ASX_Ltd_Half-Year_Results_Media_Release_12_Feb_15.pdf。

经过与 4000 多家初创企业的初步接触以及对其中十几家企业的实地走访，ASX 选取了 3 家初创企业，要求他们根据 ASX 的需求，围绕交易登记、清算交收、公司行为等方面提出基于区块链的解决方案。最终，DAH 在超过 4000 家初创企业中脱颖而出。经过反复的论证和与市场参与者、监管机构等相关方面的切磋，DAH 的方案得到采纳，世界上第一个基于区块链技术的股票交易后处理平台指日可待。

为什么最终胜出的是 DAH？"DAH 具有丰富的证券市场经验，以及一流的技术，"Cliff Richards 表示，"关键的一点，DAH 的技术是切实可行的。"

2. 一个脚踏实地的方案

"切实可行"这个评语并非客套，而是 ASX 对 DAH 的真诚褒奖。毕竟 ASX 作为老牌证券交易所运营商，即便真有壮士断腕的觉悟，也不可能为了标新立异而无视监管合规和现实业务开展的需要；也正因如此，ASX 对 CHESS 替代项目提出了"用户受益、着眼未来、高可用性、全球互用、可靠高效、隐私安全、运行效率、合法合规"等八点指导原则。

这种务实的判断在 DAH 为 ASX 设计的区块链系统中得到了充分的体现。首先，DAH 并没有仿照比特币和以太坊开发一个任何用户皆可访问的开放平台，而是只允许经过认证和授权的用户参与系统。这种"许可"（permissioned）机制的背后蕴含着 ASX 和 DAH 对于证券市场应用场景本质的准确把握：现行强监管格局下，证券市场的参与者都必须具备相关的营业资格并受到监管机构的严密监控。

其次，DAH 利用物理隔离的方式解决金融交易数据私密性的问题。每个市场参与者的交易记录和持仓情况都是其最核心的敏感信息，是绝对不希望被其他竞争对手获知的。但以比特币为代表的区块链应用要求账本全部数据完全公开，而数据混淆（obfuscation）、加密、零知识验证（Zero-knowledge Proofs）等保护数据隐私的解决方案又各有弊端①。针对此，DAH 给出了名为"私密合约仓库"（Private Contract Store，简称 PCS）的解决方案。网络中的每个市场参与者都有一个 PCS，用来储存与其有关的交易的权利义务等相关信息，其他市场参与者无法访问和查看。

在参与人交易信息物理隔离的情况下，如何确保全网账本的统一性？DAH 在 PCS 基础上构建了覆盖全网的全局同步日志（Global Synchronization Log，简称 GSL），作为确保全网账本完整性和唯一性的通信层。GSL 主要发挥三个方面的作用：（1）确定相互关联的交易之间的相对顺序；（2）确保账本中互斥事件的独特性，并维护账本数据状态；（3）在账本状态发生改变时，通知与之相关的参与人。GSL 与 PCS 加在一起，共同构成了全网统一的分布式账本。

细心的读者可能已经发现了一个重要的问题：区块链利用PoW、PoS 等共识机制对全网公开的交易记录进行认证，维护更新区块链账本的状态；DAH 的系统交易记录不透明，相互隔离的各节点又怎样达成共识呢？DAH 认为，"对于 CSD 或者 CCP 等中

---

① Digital Asset, "The Global Synchronization Log", November 2016.

心化的市场结构来说，要获得分布式账本的益处未必需要（允许对账本进行）分布式写入。即便对于双边或者场外市场，指定一个具有公信力的主体作为交易的验证者（validator）在短期内风险更低，效果更好。如果从现行的中心化基础设施架构转向多个主体共同运营的网络，就必须使用共识算法，而共识算法不仅会增加网络受到攻击的风险，而且短期内也难以获得监管机构的许可"[①]。

因此，DAH 系统中的节点分为运营者（Operator）和参与者（Participant）两类。运营者是网络中唯一具有写入权限的节点，负责制定系统游戏规则以及维护网络 GSL（具体到 CHESS 替换项目来说，ASX 就是这个运营者）；参与者需要经过运营者认证许可之后才可以进入网络，它没有写入权限，可以读取与自身相关的交易信息并签名验证。另外，相关中立机构或者监管机构也可以作为特别参与者加入网络，对特定事件进行验证或者监控系统运行状态；出于成本考虑不想直接接入区块链网络的机构也可以作为间接参与者（Indirect Participant）参与。

需要明确的是，在本次 CHESS 替代项目中，区块链系统只是 ASX 为用户提供的一种选择：对新技术怀有疑虑的参与人可以将自身现有系统与采用了 ISO20022 报文标准的新 CHESS 系统连接访问数据。使用区块链系统的用户，也可以根据自身需求选择采取 ISO20022 报文标准或者 DAH 区块链系统自带流程实现自身生产系统与区块链节点的对接，并利用 DAH 系统自带的工具开发定

---

① Digital Asset, "The Digital Asset Platform: Non-technical White Paper", December 2016。

制化的系统应用 ①。

3. 一种朴素的智能合约

在智能合约基本成为区块链系统"标配"的大趋势下，DAH
系统同样配备了自己的智能合约编程语言和工具箱。但不同于自
豪地宣称自身"图灵完备"特性的以太坊，名为数字资产模型建
模语言（Digital Asset Modeling Language，简称 DAML）的 DAH
智能合约编程语言给人的第一印象是"并没有那么智能"。是不
是 DAH 对于智能合约太不走心了？

实际上，DAML 的"朴素"不仅是 DAH 有意为之，更是充分
体现了 DAH 对于区块链技术在资本市场中应用现实的清醒判断。
DAH 认为，智能合约旨在实现的业务流程自动化虽然好处多多，
但现行资本市场建立在国际标准、法律法规、业务规则、制式合
同等层层制度基础之上，创新的步子如果迈得太大恐怕欲速则不
达。因此，DAML 语言将以下五大目标作为设计原则。

- 法律确定性。当智能合约代码执行结果与代码设计初衷相
  悖时，究竟以何为准？这是此前 The DAO 事件提出的一个
  重要问题。有一种观点认为，智能合约中代码即是法律，
  无论执行结果如何都是合约各方的意思表示，不能更改。
  DAH 认为，这种过于理想化的观点目前仍然难以落地，
  而实现金融市场自动化的代码必须服从现有法律体系、争

---

① ASX, "CHESS Replacement: New Scope and Implementation Plan", Consultation
Paper, April 2018。

116

端解决机制、市场规则和通用法律行文的约束。因此，DAML 的设计理念并非是要以代码的形式再造一套可以自我执行的法律和规则，而是寻求忠实地用代码反映金融市场法律法规体系以及交易各方约定的条款，从而在确保法律确定性的前提下实现简化流程、降低风险的目的。

- 分布式执行。DAML 是专为分布式账本环境设计的编程语言，其一切内在逻辑均以 DAH 系统的分布式账本系统架构为前提。使用者可以利用 DAML 语言编写 DAH 系统环境中适用于任何金融交易流程处理的智能合约程序。

- 隐私保护。在 PCS 物理隔离的基础上，DAML 自动识别交易流程各方以及未来可能涉及的其他潜在相关方，并分别赋予查看以及处理相关信息的权限，保护敏感交易信息的私密性。

- 可分析性。所谓"可分析性"可以简单理解为软件的复杂程度以及使用者完全掌握软件的难度[①]。DAH 认为，功能越强大的智能合约越复杂，越复杂就越难控制——The DAO 事件似乎就是一个很好的例子。所以，DAH 故意将 DAML 语言设计得没有那么"聪明"（所谓"非图灵完备"），保证使用者易学易懂，而且即便是出了 bug 也不会惹什么大祸。

- 易用性。DAML 开发环境内置安全保障机制，可以实时给

---

① 软件质量国际标准 ISO9126 将可分析性归为"易维护性"的子项，对其定义为"（使软件产品使用者可以简便地）诊断软件本身的不足或者故障原因，或者识别需要调整的部分的能力"。参见 International Organization for Standardization. ISO/IEC 9126-1: Software engineering - product quality - part 1: Quality model, 2001。

开发者提供反馈，供其确认程序功能是否符合其本来意图。DAML 还提供可供不同应用场景使用的通用开发模块，其内置的"DAML 图书馆"（DAML Libraries）还针对不同业务领域（例如股权、固定收益、外汇产品等）提供了可以重复使用的业务逻辑和流程模板，即使非专业开发人员也可以方便地使用。

本书截稿时，CHESS 替换项目仍在有条不紊推进中。2018 年 4 月，ASX 发布《CHESS 替换项目：新业务范围与实施计划》的报告，公开征求各方意见。报告提出，ASX 计划在 2020 年第四季度到 2021 年第一季度期间推动包含 DAH 区块链系统在内的全新 CHESS 系统上线运营。已经朝着正确的方向迈出第一步的 ASX 和 DAH，能否真的将给人无限遐想的蓝图化为现实？让我们拭目以待。

 ## 4.2 股东大会投票业务应用

股东大会投票是现代公司治理的重要方面，也是证券持有人行使股东权利、影响上市公司发展方向的重要渠道①。但与此同

---

① 美国证券交易委员会（SEC）在投资者教育材料中指出："作为股东，您对于上市公司的意见至关重要。您有两种方式可以表达您的意见：您可以在公司选举中投票，或者也可以选择卖掉您持有的上市公司股票。" SEC Office of Investor Education and Advocacy, "Exercise your Shareholder Voting Rights in Corporate Elections", http://www.sec.gov/investor/pubs/sec-guide-to-proxy-brochures.pdf。

时，股东投票作为上市公司、投资者与监管机构等各方诉求的汇合点，难免成为各方争夺博弈的"主战场"。一方面，股东投票本意在于通过股东民主决策制衡上市公司高管"内部人控制"倾向、保护外部投资者合法权益，但研究人员对 1997 年到 2004 年超过 2700 家美国上市企业股东投票结果分析之后发现，对于上市公司管理者发起的决议事项，在支持与反对双方势均力敌的情况下，绝大多数情况都是公司管理者以微弱优势胜出 [1]。另一方面，部分"大户"通过证券借贷或者场外衍生品等渠道在登记日前大量搜罗小股东持有的股票，以便对投票结果施加更多影响。这种将证券受益所有权与投票权脱钩的"空洞投票"（empty voting）导致持有相关股票净空头头寸的投资者也可以参与股东投票，实现了购买选票的效果 [2]，并催生了登记日股票所有权的市场 [3]。虽然支持者认为此类行为实现了为投票权定价，有利于市场效率的提升，但反对者认为空洞投票有违股东民主的初衷，成为少数人操纵投票结果谋利的工具 [4]。

更根本的问题在于，主要发达市场现行证券持有和托管模式下，股东投票流程十分复杂，并且严重依赖外部中介机构支持，

---

[1] 研究者认为，这是因为公司管理者提前了解到各方投票的倾向，从而得以提早采取措施对投资者投票行为施加影响、趋利避害，实际上起到了操纵投票的效果。Yair Listokin (2008), *Management Always Wins the Close Ones*, Yale Law School Faculty Scholarship Series。

[2] Henry T.C.Hu, Bernard Black (2006), *The New Vote Buying: Empty Voting and Hidden (Morphable) Ownership*, Southtern California Law Review, Volume 79, May 2006 , Number 4, pp. 811-908。

[3] Christoffersen et.al, *The Market for Record-Date Ownership*, 4 July 2002。

[4] David Yermack (2015), *Corporate Governance and Blockchain*, NBER Working Paper Series 21802。

不仅效率低下，更容易出现各种错误[①]。以美国市场为例：在美国市场现行名义持有框架下，绝大多数公开交易的股票都以证券经纪商、托管银行或者其他名义持有人的名义[②]登记，并由 DTCC 旗下的中央证券存管机构 DTC 集中存管；股票的实际所有者仅作为受益所有人（beneficial owner）记录在证券经纪商或者托管银行内部的台账中，而不被上市公司所掌握。在这种"DTC—经纪商 / 托管行—受益所有人"的多级持有结构中，"代理投票"（proxy voting）是股东投票的主要模式，亦即，上市公司首先需要从 DTC 处获取持有该公司股票的托管经纪商 / 银行的名单，之后向全部相关托管经纪商 / 银行发信请求确认该托管经纪商 / 银行所需代理投票选票以及相关材料的份数。由于很多大型托管银行可能同时为其他托管机构托管证券，因此上述流程可能需要重复多次。参与投票的受益所有人总数确认之后，由发行人向各托管经纪商 / 银行发送代理投票选票以及相关材料，逐级收集代理投票意见后，由统计服务机构对代理投票选票的真实有效性进行核对，并对有效选票结果进行统计记录[③]。在此类多级名义持有制度下，即便不考虑"空洞投票"等问题，现行体系在实际操作中也多次出现受益持有人不明、投票材料未寄送至受益所有人、受益所有人投票未

---

① 世界经济论坛的报告指出了现有代理投票流程的 9 个主要痛点：过于依赖中介机构、投票材料分发成本高、投票材料分发范围有限、误导性、易出错、手工操作量大、个人投资者参与度低、投票流程透明度低、投资者票数与其所持股数不一致。参见 World Economic Forum (2016), *The Future of Financial Infrastructure*, http://www3.weforum.org/docs/WEF_The_future_of_financial_infrastructure.pdf 。
② 也就是所谓的"街名"（street name）。参见 SEC, "SEC Fast Answers – Street Name", www.sec.gov/answers/street.htm 。
③ 参见 SEC, "Roundtable on Proxy Voting Mechanisms", www.sec.gov/spotlight/proxyprocess/proxyvotingbrief.htm 。

被统计记录、投票验证无法落实导致多投、错投等现象，影响股东投票结果的有效性，甚至伤害到股东的合法权益[①]。

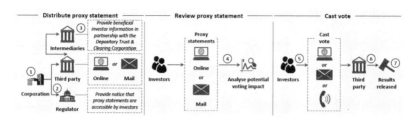

图 4-1　现行制度下股东大会投票流程

来源：世界经济论坛（2016），*The Future of Financial Infrastructures*

　　作为一种分布式、不可篡改的数据库技术，区块链在投票领域的应用前景得到了很多机构的广泛认可。欧洲议会认为，基于区块链的电子投票系统可以帮助投票者在没有中介机构支持的情况下自行完成投票的记录、管理、统计、核查，并且杜绝非法投票的现象[②]。相关学术研究结论认为，区块链投票不仅可以方便股东发声，提升公司与股东互动的响应性，增强公司的活力[③]，还有助于提升股东投票结果的透明度，防止内部人控制行为，并遏制"空洞投票"[④]。股东大会投票也因此成为众多证券市场后台设施探索应用区块链的共同选择。

[①]　Marcel Kahan, Edward Rock (2008), *The Hanging Chads of Corporate Voting*。

[②]　European Parliament (2016), *What if blockchain technology revolutionized voting?*。

[③]　Aaron Wright, Primavera De Filippi (2015), *Decentralized Blockchain Technology and the Rise of Lex Cryptographia*。

[④]　David Yermack (2015), *Corporate Governance and Blockchain*, NBER Working Paper Series 21802。

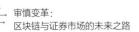

1. 德意志交易所区块链投票系统原型验证实验

德意志交易所（Deutsche Börse Group，以下简称德交所）是全球最大的交易所集团之一，其旗下的明讯银行不仅是德国法兰克福证券交易所的 CSD，还作为 ICSD 在世界各主要市场开展业务。

代理投票系统是德交所 2015 年公布的该公司首批区块链应用测试场景之一。与美国相似，德国市场实行名义持有制度，股东同样通过代理投票方式参与股东大会决策，德交所通过明讯银行为投资者提供代理投票服务。德交所的区块链代理投票项目主要旨在验证区块链技术是否可以作为一项成熟的技术应用于德交所技术系统，并测试股东投票业务向区块链系统的迁移是否可以提升业务的透明度、准确性和一致性。

从公开披露的信息来看，德交所原型系统由两家外部开发商在 8 周之内建设完成。系统采用了"非比特币区块链"的许可准入私有链架构和 PoW 的共识机制，并利用以太坊的 Solidity 语言编写了智能合约应用。业务处理设计方面，原型系统基本采取了现有业务流程整体迁移的模式，采用"发行人申请—德交所开放股东投票系统—股东线上投票"的思路，保留了德交所作为中心化审核和管理者的角色。

原型系统实现了全部所需功能，并且没有发现任何技术方面的限制因素或者架构上的问题，因此德交所的试验结论是，区块链技术总体上是成熟的。但德交所同时也指出，原型系统应对大量数据的时候表现出可扩展性差。此外，区块链系统对计算资源的要求远远超过传统数据库，执行时间和储存空间需求分别是传统数据库的约 15 倍和 50 倍。

图 4-2　德交所区块链投票原型系统界面

来源：Deutsche Börse Group (2015)

2. 俄罗斯国家结算存管机构区块链代理投票原型系统

俄罗斯国家结算存管机构（National Settlement Depository，简称 NSD）隶属于莫斯科交易所集团，作为俄罗斯证券市场的中央证券存管机构提供证券结算与存管、公司行为及发行人支持、数据信息、证券借贷等各类服务。

NSD 于 2015 年 4 月开始研究区块链技术，是最早开始深入研究区块链技术并试图在自身业务中应用区块链技术的主要市场 CSD 之一。NSD 认为，区块链在证券市场中的应用不应单纯定位于传统数据库系统的替代品，而应该用于为新的客户群体和新的市场提供新型的数字资产服务。为了深入探索区块链所带来的全新机遇，NSD 成立了涵盖业务部门和技术部门的跨领域工作组，并着手开展研究。在分析了五六个概念验证项目方案的可行性之后，代理投票成为 NSD 的最佳选择，这是因为区块链投票系统可以提供中心化系统"无法实现"的功能。"现行各种电子投票解决方案[1] 的问题在于，投票者无法确认他投出的票在统计之前不会被篡改，也没办法确认计票结果是准确无误的。区块链的高透明度以及分布式性质可以解决以上问题。"经过与来自爱沙尼亚、以色列、俄罗斯、美国和英国的多家开发商接洽，NSD 最终选择由来自英国的分布式记账技术企业 DSX[2] 承担原型验证系统的开发工作，并于 2016 年 4 月成功完成了债券持有人大会投票测试。

　　NSD 原型系统在私有链上部署，选取 NXT 平台，采用了 ISO20022 报文标准[3] 和 PoS 共识机制[4]。名义持有人（例如证券经

---

① 在 NSD 区块链投票系统验证试验成功之前，曾于 2014 年 8 月引入电子代理投票系统（E-proxy voting），并于 2015 年 4 月完成了系统与 ISO 标准的对接。

② https://www.dsxt.uk/。

③ Alisa Tciriulnikova, "Russia Tests Blockchain Voting, Plans to Launch It in 2017", https://cointelegraph.com/news/russia-tests-blockchain-voting-plans-to-launch-it-in-2017。

④ DSX 创始人兼首席执行官 Mike Rymanov 接受《比特币杂志》采访时指出，NSD 原型系统之所以没有采取比特币或者以太坊平台是因为比特币平台的 PoW 共识机制可能导致拥有算力优势的节点破坏系统公平性，而以太坊每秒钟只能处理大约 60 笔交易，无法满足项目的要求。Giulio Prisco, "Russia's National Settlement Depository Sucessfully Tests Blockchain-based E-Voting System", Bitcoin Magazine, https://bitcoinmagazine.com/articles/russia-s-national-settlement-depository-successfully-tests-blockchain-based-e-voting-system-1464198071。

纪商或者托管银行）以及 NSD 是网络的主要参与节点，前者负责将其所代理的受益持有人的投票写入区块链，后者负责网络管理、准入审查以及将投票结果写入区块链。系统为监管和审计机构预留了接口，后者加入系统即可查看全部信息。系统数据库分布式地存储于各个节点，并且投票流程以及数据库储存的投票结果的任何变动都将被系统完整记录，保证了系统数据的不可篡改和可追溯性。

投票开始时，投资者首先登录其在名义持有人网站上的个人账户，并利用数字签名进行投票。名义持有人利用自己的电子签名将投资者投票写入区块链，并向投资者返回一个与系统记录投票结果绑定的识别码，用于投资者确认其投票选择已经如实写入区块链。投票记录经过各名义持有人之间传递后最终到达 NSD 节点。NSD 在投票完成后，利用其电子签名将系统自动计算出来的投票结果写入区块链。上述各流程均采用密码技术，保证投票流程每个环节的安全性 ①。

值得注意的是，NSD 的区块链代理投票原型试验过程适逢俄罗斯公司行为改革过程。俄罗斯公司行为改革受到俄罗斯央行和财政部的大力支持，由 NSD 提供业务流程和技术系统的改进方案，内容涵盖股东名册编制方式、公司行为信息储存、公司行为流程和文件格式标准化、公司行为信息交换以及业务处理电子数据交互中国际标准的采用等多个方面，其中重要的一项即是推动证券

---

① NSD, "National Settlement Depository Tested a Blockchain-Based E-Proxy Voting Prototype", https://www.nsd.ru/en/press/ndcnews/index.php?id36=628973。

持有人直接电子投票和电子代理投票等方式的广泛采纳 [①] 。在这种背景下，NSD 此次进行的区块链代理投票原型试验可以视作是推动公司行为改革的一种方式 [②] 。

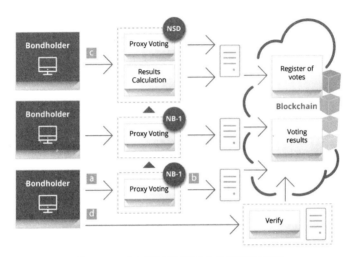

图 4-3 NSD 区块链投票业务流程示意图

来源：Giulio Prisco (2016), Bitcoin Magazine,

---

① NSD, "Corporate Actions Reform in Russia", http://www.corpactions.ru/en/。另见 NSD Newsletter (Q1 2016), https://www.nsd.ru/common/img/newsletter/newsletter_Q1Y2016_en.pdf。NSD 于 2018 年 5 月公布的数据显示，2018 年 4 月莫斯科交易所（上市公司）股东大会中，NSD 电子投票服务的使用比例达到了 77%。参见 NSD, "77% of Moscow Exchange Shareholders Who Attended AGM Used the E-voting Option Provided for by NSD", Press Release, 4 May 2018。

② NSD 积极推动全球各市场 CSD 在区块链应用方面的合作，于 2017 年初牵头成立了"中央证券存管机构分布式记账技术工作组"（CSD Working Group on DLT），推动 CSD 机构在以代理投票为代表的应用场景下测试并应用区块链技术方面的合作。截至 2018 年 1 月，工作组成员包括俄罗斯 NSD、南非 Strate、瑞士 SIX 证券服务公司、纳斯达克、智利 DCV、阿根廷 Caja de Valores、阿联酋 ADX 等机构。参见 NSD, "NSD and CSD Community Advance Blockchain for Post-trade", Press Release, 16 January 2018。

3. 阿布扎比证券交易所区块链投票服务

阿布扎比证券交易所（Abu Dhabi Securities Exchange，简称ADX）成立于 2000 年 11 月，是位于阿联酋阿布扎比的垂直整合交易所集团。其上市产品包含股票、债券、基金，同时提供场内交易的清算、交收等服务。

ADX 于 2016 年 10 月宣布推出基于区块链技术的电子投票服务，成为"首个提供区块链服务的证券交易所"。ADX 方面表示，这项基于互联网的服务使 ADX 上市公司股东无论在世界任何地方都能直接地参与并观察股东年度大会期间的投票行为，并通过移动设备随时随地查看与股东年度大会相关的文件和材料，从而降低时间、经济和人力成本，提升上市公司股东参与公司治理的便利程度[①]。

ADX 此次正式推出区块链电子投票服务，可以视作是对阿布扎比监管机构支持区块链发展态度的一种回应。此前，阿布扎比全球市场金融服务监管局（Financial Services Regulatory Authority）曾提出要支持区块链等金融科技（FinTech）发展[②]。另外也有分析人士认为，ADX 此举是阿布扎比提升其金融服务吸引力计划的一部分[③]。

[①] ADX, "ADX Lunches Blockchain for eVoting Service, the First of Its Kind in MENA Region Financial Markets", https://www.adx.ae/English/Pages/News/AllNews.aspx。

[②] Abu Dhabi Global Market (2016), *Policy Consultation on A Regulatory Framework to Support Participants Deploying Innovative Technology within the Financial Services Sector*, accessible at http://adgm.complinet.com/net_file_store/new_rulebooks/a/d/ ADGM_Consult_Paper_No_2_of_2016_Reg_Framewk_for_Fin_Tech_Final.pdf。

[③] Stan Higgins, "Abu Dhabi Stock Exchange Launches Blockchain Voting Service", Coindesk, http://www.coindesk.com/abu-dhabi-exchange-blockchain-voting/。

4.3 黄金交易结算系统

区块链与黄金似乎有着天生的不解之缘。《纽约时报》记者 Nathaniel Popper 将区块链最成功的应用比特币称为"数字黄金"，并指出："中本聪从一开始就以黄金为样板设计比特币：一种任何人都可以拥有、任何地方都可以使用的新型全球性货币。与黄金一样，这些新的电子钱币的价值取决于使用者的判断——它们最初甚至一文不值……如同黄金一样，系统设置确保了比特币永远稀缺并且难以伪造。黄金生产需要投入大量辛勤的劳动，而比特币的发行也需要完成大量的计算。"①

但区块链与黄金的"缘分"并不仅限于此：既然"链上黄金"比特币在现实生活中已经可以用于商品支付，实体的黄金是否也可以搬上区块链？随着区块链技术的发展成熟，黄金的历史有望揭开新的一页。

1. 伦敦黄金市场概况

作为一种全球性的贵金属，黄金的交易分散在全球各地②。

---

① Nathaniel Popper, *Digital Gold: Bitcoin and the Inside Story of the Misfits and Millionaires Trying to Reinvent Money*, Harper (2015), Introduction.。
② 全球主要黄金交易所和协会名单参见：www.goldbarsworldwide.com/section04/ links_associations_exchanges.html 。

但从黄金交易场所来看，英国伦敦金银市场协会（London Bullion Market Association，简称 LBMA）以及美国芝加哥商品交易所（Chicago Merchandize Exchange，简称 CME）以 86.75% 和 9.89% 的交易量占比远远超过其他市场，伦敦黄金市场的交易量全球第一的宝座更是无人可以撼动①。总体来看，伦敦黄金市场具有以下三个基本特征。

■ 场外柜台交易。所谓"伦敦黄金市场"其实并没有实体的集中交易场所，而是一直延续着场外柜台交易的形式，由市场参与者之间两两交易、协商定价；LBMA 仅作为行业协会履行着行业自律的相关职责②。有人将此形象地比喻为"（在伦敦市场）购买黄金与其说是一种现代金融市场中的交易行为，倒不如说更像是在一个十分高端的商店里买东西。店员开出价格，你只能选择接受或者离开，而没办法立即货比三家"③。

■ 机构市场。伦敦黄金市场基本不面向个人投资者开放。一方面，这是由于黄金交易过程中保管和运输的复杂性以及监管机构对零售业务的严格要求实质上提高了零售业务的总体成本，降低了个人投资者的吸引力。另一方面，这是由于伦敦市场黄金交易的门槛较高：流动性最好的伦敦金银市场协会认可可交割金条（London Good Delivery Bar）

---

① Brian Lucey et.al (2012), *London or New York: Where Does the Gold Price Come From?*, Alchemist Issue 68, pp. 8-9, http://www.lbma.org.uk/assets/Alch68GoldPrice.pdf 。

② LBMA，"A Guide to The London Bullion Market Association"，www.lbma.org.uk/assets/downloads/presspack/LBMA_Overview_Brochure.pdf。

③ "Over The Counter trading [OTC]"，Gold: prices, facts, figures & research, http://www.galmarley.com/framesets/fs_trading_physical_gold_faqs.htm 。

每根重 400 盎司（约合 12.4 公斤）^①，即便按照接近近年最低点的每盎司 1000 美元计算，单根金条的价格也在 40 万美元；何况是机构投资者，即便只买一根金条，也是很难找到对手方的。

■ 二级清算。目前，伦敦市场黄金交易清算分为资金和商品两支。由于伦敦黄金交易多以美元计价，因此资金清算多通过客户在美国银行开立的往来账户完成，卖出黄金的欧洲投资者往往需要两到三天才能收回货款，并因此面临较大的汇率风险和对手方风险。商品清算一支则采用二级清算架构，由汇丰（HSBC）、工银标准银行（ICBC Standard Bank）、摩根大通（JP Morgan）、丰业银行（Scotiabank）和瑞银集团（UBS）等 5 家 LBMA 清算会员以及它们共同所有并运营的伦敦贵金属清算有限公司（London Precious Metal Clearing Limited，简称 LPMCL）完成：5 家清算会员的客户利用其在清算会员处开立的账户完成清算，而清算会员之间的头寸通过 LPMCL 的电子平台完成清算。伦敦黄金市场鼓励对同日交易头寸进行轧差，以降低信用风险^②。

2. 记名账户与不记名账户

两套黄金权属登记体系的并存是伦敦黄金市场的另外一个显

---

① BullionVault，"Guide to gold: Gold bullion"，https://www.bullionvault.com/guide/gold/Gold-bullion。
② LBMA，"Clearing"，www.lbma.org.uk/clearing。

著特征。所谓"记名"与"不记名"针对的是客户对于特定金条的所有权：记名账户（allocated account）指客户要求其委托代为托管黄金资产的交易商在权属登记时明确标明其名下全部金条的编号、总重以及每根金条的纯度和精确重量。不记名账户（unallocated account）则是指客户并不拥有特定金条，托管交易商仅记录该客户所拥有的一般黄金资产的数量（以 1 盎司为最小单位）[1]。打个或许不恰当的比方，记名账户与不记名账户类似于房产证与银行账户，直接体现的是资产可替代性（fungibility）的区别：记名账户下的黄金犹如房产证上的房子，是你的就是你的，不能用其他房子来替代；而不记名账户下的黄金就像银行账户上的存款，只要数量没错，银行给你哪张钞票都没有关系。

　　但对于黄金市场来说，存在未必就是合理，两种权属登记方式实际上都有自己的问题。对于记名账户，"指名道姓"的登记方式虽然符合黄金作为有形资产的客观属性，并且在法律上保障了黄金所有人对其资产的所有权，降低了黄金所有人的风险，但由于记名账户下的黄金交易关乎特定金条的权属变更，需要涉及金条的储藏、运输、鉴定、安保等各类问题，造成交易后处理流程烦琐、成本高、效率低。另一方面，虽然不记名账户采取簿记方式完成资产转移，大大降低了业务处理成本、提高了效率，不记名黄金交易也因此成为目前伦敦市场上更普遍的交易方式，但是从法律关系上讲，不记名账户登记实际上反映的仅是客户对托管交易商的债权，黄金实物的控制权和所有权均归属交易商，客

---

[1]　LBMA，"Clearing"，www.lbma.org.uk/clearing。

户可能面临本金风险 [①]。此外，有研究指出，伦敦黄金市场上各类投资者持有的不记名黄金头寸总量超过了伦敦市场上不记名账户下实体黄金的总量 [②]，也就意味着如果大量（甚至全部）投资者同时要求取出其不记名账户下持有的黄金资产的话，那么伦敦市场可能发生无法兑现的情况。

3. 欧洲清算银行 Euroclear Bankchain

2016 年 9 月 28 日，全球证券市场交易后处理巨头欧洲清算银行（Euroclear）宣布与美国技术解决方案供应商 Paxos（原名 itBit）合作，基于后者成熟的 Bankchain 区块链结算平台共同开发名为"Euroclear Bankchain"的区块链黄金交易结算系统 [③]。

从当时披露的推断，Euroclear Bankchain 计划采用私有链架构，通过将实物黄金转换成链上的电子黄金代币（digital gold token）的形式实现以下三个功能。

---

① 参见 James McKeigue, "Holding Gold: the Difference between Allocated and Unallocated Gold", Moneyweek, http://moneyweek.com/buying-gold-allocated-and-unallocated-gold-accounts-14900/；另见 BullionVault, "Guide to Gold: Unallocated Gold", https://www.bullionvault.com/guide/gold/Unallocated-gold。

② Jan Skoyles, "The London Gold Market: What's behind the smoke and mirrors?", The Real Asset Co, http://therealasset.co.uk/london-gold-market-opaque/。

③ Paxos, "Paxos & Euroclear Collaborating on Launch of Euroclear Bankchain for Gold Settlement in London Bullion Market", Press Release https://www.paxos.com/repository/paxos-and-euroclear-collaborating-on-launch-of-euroclear-bankchain-for-gold-settlement-in-london-bullion-market。

图 4-4　Bankchain 将金条转化为链上的数字金币

来源：Paxos (2016),"Euroclear Bankchain"

- 具有高度灵活性和确定性的黄金结算："区块链＋黄金代币"
  的设计结合了记名账户的高度确定性以及不记名账户模式
  更高的结算效率和持有灵活性。欧洲清算将充当全部黄金
  仓库的共同托管人角色 ①，确保全部黄金交易结算均有相
  应实物金条的支持。

- DvP 交收：Bankchain 一改现有业务模式资金交收与商品
  交收两支各自独立的设计，将实现伦敦市场 OTC 黄金交易
  的货银对付。

- 交收期大大缩短：系统计划采取 T+0 的交收周期设计，并
  为系统参与者提供实时交收的选择。

欧洲清算希望新系统可以帮助伦敦黄金市场参与者"显著降
低风险，减少资本支出，实现真正的货银对付，降低资产负债表
压力" ②。但对于此前几乎从未涉足伦敦黄金 OTC 市场交收的欧

---

① Sarah Rudolph,"A Blockchain Solution to Gold Settlement Issues", John Lothian News, 6th July 2016, http://www.johnlothiannews.com/2016/07/blockchain-solution-gold-settlement-issues-2/。

② Euroclear (2016), *Response to ESMA Consultation Report* , accessible at https://www.euroclear.com/dam/Response%20papers/ESMA%20consultation%20DLT%20-%20Euroclear%20response%20September%202%202016%20FINAL.pdf。

洲清算来说，Euroclear Bankchain 是否标志着其对自身的重新定位？是，也不是。因为虽然欧洲清算此番确属进军全新市场，但"醉翁之意不在酒"，欧洲清算主要着眼的其实是近年来着力深耕的全球担保品管理业务。

金融市场中涉及担保品管理的业务可以粗略划分为两类：一类是"以券换钱"的融资交易（包括回购业务、股权融资、证券借贷以及部分主经纪商业务），另一类是"收券不给钱"的保证金提交（交给 CSD、ICSD 和 CCP）。传统上，这两个业务领域分属金融机构的前台和中后台，在业务处理上相互独立；即便对于同一类业务，不同市场的担保品池也互不连通，相互割裂。

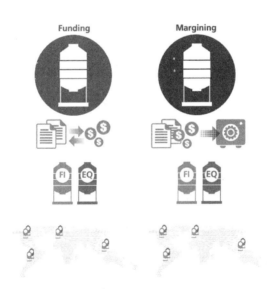

图 4-5　融资业务与担保品保证金业务的割裂

来源：GlobalCollateral（2015）

2008 年发生的金融危机深刻改变了全球金融市场担保品管理业务的格局。一方面，风险偏好的降低和防控对手方风险的需要使发行人和投资者越来越偏好长期银行抵押贷款，资金融出方也开始更多转向回购市场，导致担保品需求量提升。另一方面，全球监管机构为了降低金融体系风险先后出台了一系列严格的监管要求，导致金融机构为了满足合规要求对于可充当担保品的高质量资产的需求提升，对金融机构担保品管理的水平和效率提出更高的要求。正是在这种背景下，欧洲清算与美国 DTCC 于 2014 年 9 月合作成立了担保品处理子公司 GlobalCollateral Ltd.[1]，为客户提供具有全球性、全局性的担保品管理服务[2]。

黄金作为一种信用风险极低、流动性强的高质量资产，本身就是优质的担保品。此外，黄金充当担保品已经获得了国际监管机构的认可：2013 年 9 月，巴塞尔银行监管委员会（BCBS）和国际证监会组织（IOSCO）共同发布的《非中央清算保证金要求》中将黄金与现金、高质量政府和中央银行证券、高质量企业债券、高质量担保债券以及主要股指成份股等资产共同列入合格担保品范围[3]，欧盟的有关规定也允许欧盟境内中央证券存管机构和中央对手方清算机构接受黄金担保品，欧洲和新加坡的清算机构已经

① DTCC, "DTCC and Euroclear Create Collateral Processing Joint Venture", http://www.dtcc.com/news/2014/september/30/dtcc-and-euroclear-create-collateral-processing-joint-venture.aspx。
② GlobalCollateral, "GlobalCollateral: A Global Infrastructure for A New World", http://www.globalcollateral.net/assets/gc0002-global-infrastructure-eur.pdf。
③ BCBS-IOSCO (2013), *Margin Requirements for Non-centrally Cleared Derivatives*, accessible at http://www.bis.org/publ/bcbs261.pdf。

开始接受黄金担保品 ①②。

由此看来，Euroclear Bankchain 可以使欧洲清算在成为全球规模最大的伦敦黄金市场基础设施服务提供商的同时，帮助其丰富担保品资产池、增强全球担保品处理能力、巩固了其在担保品管理业务领域的领先地位。并且随着 Euroclear Bankchain 服务未来向全球其他市场逐步推广扩展 ③，欧洲清算有望建立起黄金担保品的"日不落帝国"。正如 Paxos 区块链产品解决方案执行副总裁 Steve Wager 曾撰文指出的："设想一个交易员在交易日开始的时候在新加坡或者上海市场提交黄金代币作为担保品。等他完成交易平仓之后，他可以将这些黄金代币转到伦敦或者法兰克福市场做担保品。欧洲市场平仓之后，同样的黄金代币还可以继续作为担保品提交给纽约或者芝加哥的市场。" ④ 这大概才是欧洲清算真正的"野心"所在。

可惜理想丰满、现实骨感：2017 年 6 月，媒体报道指出，欧洲清算与 Paxos 决定分道扬镳，原本计划于 2018 年正式推出的 Euroclear Bankchain 系统也随之夭折。双方未透露合作失败的原因，但均表示将继续探索为伦敦黄金市场提供结算服务 ⑤。

---

① World Gold Council, "Gold in the financial system", http://www.gold.org/reserve-asset-management/gold-financial-system。
② Steve Wager, "Gold Often Overlooked as Form of Collateral", https://www.paxos.com/repository/gold-often-overlooked-as-form-of-collateral。
③ Sarah Rudolph, "A Blockchain Solution to Gold Settlement Issues", John Lothian News, http://www.johnlothiannews.com/2016/07/blockchain-solution-gold-settlement-issues-2/。
④ 同上。
⑤ Reuters, "Euroclear's Blockchain Gold Settlement Venture With Paxos Dissolved", 27 July 2017。

4. 英国皇家铸币局 RMG

黄金数字化的进展并没有因 Euroclear Bankchain 的终结而止步。早在 2016 年欧洲清算宣布与 Paxos 联合推出黄金结算平台后不久，英国皇家铸币局就于 2016 年 11 月 29 日宣布将与芝加哥商品交易所（CME）联合推出名为 RMG（Royal Mint Gold，字面意思为"皇家铸币局黄金"）的区块链黄金交易平台，成为区块链技术应用于黄金领域的另一大看点。

RMG 项目可谓"强强联合"。成立于公元 886 年的皇家铸币局至今已经有超过千年的历史，2009 年由英国政府机关改制成为英国财政部全资国有企业，是英国唯一获得法定授权的铸币单位，其 2014 年推出的线上金币交易市场拥有超过 2 万名用户[①]。成立于 1898 年的 CME 是世界领先的衍生品交易所，曾被《经济学人》杂志称为"前所未见的规模最大的金融交易所"[②]，交易品种涵盖粮食、能源、金属等大宗商品以及股指、外汇、利率等金融衍生品。

项目的设计思路其实十分清晰明确：皇家铸币局负责以其金库中保管的记名金条为基础发行线上的 RMG 代币，每一枚 RMG 代表 1 克高纯度黄金；CME 负责开发和运营基于许可私有链[③]的

① Marion Dakers，"Royal Mint Offers Gold Trading Based on Blockchain"，29 November 2016, The Telegraph。
② "CME Group: The futures of capitalism". The Economist. May 11, 2013。
③ Mark O'Byrne，"Royal Mint and CME Make A Mint on the Blockchain？"，22 December 2016。

全年无休 ① 线上黄金交易平台，供投资者通过点对点买卖 RMG 的方式进行黄金交易。皇家铸币局官网介绍中称，RMG 的目的在于使伦敦黄金市场的黄金交易具有如同交易所交易证券一样的透明度 ②——换言之，RMG 可以简单理解为一种将场外交易实体黄金证券化的尝试。

虽然皇家铸币局和 CME 目前还没有披露关于 RMG 的更多技术细节，但结合上文的介绍我们可以看出，看似简单的 RMG 其实直指伦敦黄金市场记名账户交易中存在的手续繁杂、交易成本高的问题。皇家铸币局首席财务官 Vin Wijeratne 表示，"（对于使用 RMG 的投资者来说）除非你选择以实体形式交易黄金，否则没有任何后续持有黄金的费用。相比之下，现有的黄金投资产品全部都会收取年度管理费"③。

不过，也有观点认为 RMG 并无特别之处：毕竟 RMG 的发行还是由皇家铸币局控制，作为 RMG 基础资产的黄金仍然是以实体形式存在，除了 CME 的交易平台恰好使用了区块链技术，一切实际上都没有变化 ④。另外，CME 代表在 2016 年发布消息时特别强调，RMG 仅限于黄金产品投资而与担保品业务无关。这样的定位虽然一定有其原因，但难免还是存在局限性。

---

① Ian Allison, "Royal Mint and CME to Launch Digital Gold on Blockchain", Interational Business Times, 29 November 2016.。

② Royal Mint, "What is RMG?", https://www.royalmint.com/invest/bullion/digital-gold/。

③ Ian Allison, "Royal Mint and CME to Launch Digital Gold on Blockchain", Interational Business Times, 29 November 2016.。

④ Mark O'Byrne, "Royal Mint and CME Make A Mint on the Blockchain?", 22 December 2016。

4.4 纳斯达克私有股权管理平台

　　顾名思义，私有股权是相对公开股权而言的，指的是各类非上市公司的股权份额，而初创企业（startup）股权是私有股权市场的重要组成部分之一。初创企业所有者为了缓解企业面临的资金短缺问题，往往会从公司未来成长预期方面"做文章"，利用股权换取企业进一步发展亟须的各种资源。除企业创始人／创始团队所持股份之外，初创企业股份主要通过员工持股和股权融资等方式向企业内部员工以及外部投资者转移。其中，员工持股可以采取限售股、股票期权、限售股单位（Restricted Stock Units）等多种形式[①]，有助于初创公司在避免薪酬成本过多挤占宝贵现金流的同时，挽留并吸引高素质人才。而"股份换资金"的股权融资解决了初创企业难以从银行等传统渠道获得资金的问题，是众多初创企业得以持续"烧钱"的基础。

　　初创企业的股份虽然不像上市公司股票那样投资者众多并且交易频繁，但客观上也存在交易的需求。但作为监管较松的场外市场的一部分，私有股权交易及交易后处理服务的发展仍相对滞后，股份转让往往采取两两协议转让方式，企业股东名册也主要依靠企业主在纸质笔记本或者电子表格上手工维护[②]，造成持股员

①　Nasdaq Private Market, *Winning the Talent Wars*, Nasdaq Private Market Whitepaper。
②　Pete Rizzo，"Hands on with Linq, Nasdaq's Private Markets Blockchain Project"，Coindesk, http://www.coindesk.com/hands-on-with-linq-nasdaqs-private-markets-blockchain-project/。

工难以变现，外部投资者只能通过 IPO 或者并购实现退出（而现实是，对于越来越多的初创企业来说，通过 IPO 上市已经不是大规模融资的第一选择[①]），企业则无法高效准确地掌握企业股权分布情况[②]。在全球资本日益青睐风险投资和上市前投资的大背景下，初创企业股权市场提高效率、降低成本的需求日益强烈，也为区块链技术提供了大展身手的舞台[③]。

1. 纳斯达克私有股权市场服务

实际上，场外私募股权市场正是纳斯达克多年来重点关注并一直致力深耕的领域。早在 2007 年 8 月，纳斯达克就推出了

[①] Martin Zwilling, "10 Reasons Why IPO Is No Longer A Good Startup Exit", Forbes, http://www.forbes.com/sites/martinzwilling/2013/09/10/10-reasons-why-ipo-is-no-longer-a-good-startup-exit/#5e3d4e9523dd。另见：Izabella Kaminska, "If you call it a blockchain, it's not an OTC story anymore", https://ftalphaville.ft.com/2015/10/30/2143421/if-you-call-it-a-blockchain-its-not-an-otc-story-anymore/。其中，比特币和区块链行业的初创企业更多倾向于在场外私人股权市场募资，而不是等待上市，参见：JP Buntinx, "OTC Markets Trump Stock Exchanges for Bitcoin and Blockchain Startups", themerkle.com/otc-markets-trump-stock-exchanges-for-bitcoin-and-blockchain-startups/。

[②] Pete Rizzo, "Hands on With Linq, Nasdaq's Private Markets Blockchain Project", http://www.coindesk.com/hands-on-with-linq-nasdaqs-private-markets-blockchain-project/。

[③] 2016 年 11 月，韩国交易所（Korea Securities Exchange，简称 KRX）也于 2016 年 11 月正式推出基于区块链的私人股权交易平台"韩国初创企业市场"（Korea Startup Market）。参见 Corin Faife, "Korea Exchange Launches Blockchain-powered Private Market", Coindesk,www.coindesk.com/korea-exchange-launches-blockchain-powered-private-market-service/。另外，欧洲清算也于 2017 年 7 月宣布与法国巴黎银行、法国兴业银行等金融机构合作成立名为 LiquidShare 的初创企业，以开发基于区块链技术的中小企业股权转让市场交易后处理解决方案。参见：Euroclear, "Launch of Liquidshare, the European blockchain fintech for SME post-trade", Press Release, 11 July 2017。

基于网络的全自动电子交易平台 PORTAL，为面向合格机构买家（Qualified Institutional Buyer，简称 QIB）的 144A 证券① 提供展示和交易渠道。2011 年 5 月，纳斯达克又推出了定位于场外市场与全国性证券交易所之间的 BX Venture Market 平台。BX Venture Market 基于纳斯达克 OMX 集团收购的波士顿股票交易所②，主要面向已经在 OTC 市场挂牌交易、正在考虑启动 IPO 以及从全国性证券交易所退市的证券发行人，其上市标准与全国性证券交易所有很多相同之处，旨在为相关发行人提供一个高度透明、监管良好的另类上市平台③。

2013 年 3 月，纳斯达克与非上市公司股份交易服务供应商 SharePost 合作成立纳斯达克私有股权市场（Nasdaq Private Market，简称NPM），提供非上市初创企业股权的交易服务④⑤。2015 年 10 月，纳斯达克再次出手收购另一家私有股权交易平台 SecondMarket⑥，

---

① 144A 规则（Rule 144A）指的是美国 1933 年《证券法》的修正案，该条款允许发行人将不符合《证券法》关于公开发行证券登记要求以及披露义务的证券（包含股票、债券等）转让给合格机构买家（QIB）。参见 SEC，"Eliminating the Prohibition Against General Solicitation and General Advertising in Rule 506 and Rule 144A Offerings"，https://www.sec.gov/info/smallbus/secg/general-solicitation-small-entity-compliance-guide.htm。

② James Meehan，"SEC Approves Creation of NASDAQ's BX Venture Market"，www.marcumllp.com/insights-news/sec-approves-creation-of-nasdaqs-bx-venture-market。

③ Nasdaq，"SEC Approves BX Venture Market"，ir.nasdaq.com/releasedetail.cfm?releaseid=576591。

④ J. O'Dell，"Nasdaq, SharePost Take Private Markets Semi-public with New SF-based Venture"，venturebeat.com/2013/03/06/nasdaq-private-market/。

⑤ Nasdaq Private Market 后改为纳斯达克独资子公司。

⑥ Katie Roof，"Nasdaq Acquires SecondMarket to Help Startups Sell Shares"，https://techcrunch.com/2015/10/22/nasdaq-acquires-secondmarket-to-help-startups-sell-shares/。

初步完成了在初创企业股权交易市场的布局。目前，NPM 平台向初创
企业提供员工持股计划精准管理和场景模拟、员工持股计划管理外包、
持股员工与股东沟通、要约收购管控、并购履约线上管理等各类服
务[①]。而此次推出的 Linq 平台，正是纳斯达克私有股权市场的一部分。

2. Linq 平台初探

Linq 平台基于区块链初创企业 Chain 的技术开发，采用私有
链模式[②]。Coindesk 网站对 Linq 平台的评价是"富有设计感""直
观易用"[③]，这可以让我们对于 Linq 平台的整体风格有一个直观
的印象。发行人登录系统即可看到一张股权结构表（参见图 4-6），
标明其股本现值（左侧数值）、历史上各轮融资股价（中间）以
及期权池剩余可用额度（右侧饼图）。

图 4-6　Linq 系统用户界面

来源：Pete Rizzo （2015），Coindesk

---

① https://www.nasdaqprivatemarket.com。

② Izabella Kaminska, "If you call it a blockchain, it's not an OTC story anymore",
https://ftalphaville.ft.com/2015/10/30/2143421/if-you-call-it-a-blockchain-its-not-an-otc-
story-anymore/。

③ Pete Rizzo, "Hands on with Linq, Nasdaq's Private Markets Blockchain Project",
http://www.coindesk.com/hands-on-with-linq-nasdaqs-private-markets-blockchain-project/。

各投资者持股情况则可以在所谓的"股权时间线视图"（Equity Timeline View）（图 4-7）中查看：在这张网格状的视图中，纵轴标明了各投资者，上方的横轴则代表了从种子轮到 A 轮、B 轮的各轮融资。图中各种颜色的圆角小方块表示不同投资者在不同阶段获得的股权证书（certificate）；不同轮次融资中获得的股权证书用不同颜色表示（发行人可以自行选择），而灰色则表示已经转让的股份。

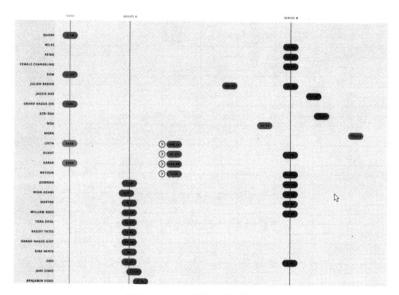

图 4-7　Linq 股权时间线视图

来源：Pete Rizzo (2015), Coindesk

在股权时间线视图基础上，发行人还可以利用 Linq 平台从不同角度查看其股权结构的详细情况，主要包括以下三种情况。

■ 单一股权证书详情：发行人可以单击股权时间线视图中的

任意一个小方块，查看其所代表的部分股权的详细情况，包括股数、投资者、成交时间、成交价格以及具体限制条件等。

图 4-8　单一股权证书详情

来源：Pete Rizzo (2015), Coindesk

- 全部股权证书概览：发行人也可以选择以列表形式查看全部股权的分布情况，并按照时间、股数、持有人姓名顺序排列。
- 单一投资者持有股权证书情况：在图 4-10 中，发行人可以查看单一投资者所持有的股权证书数量、总股数、每张股权证书概况、该投资者持有不同级别资产情况以及历史交易情况。

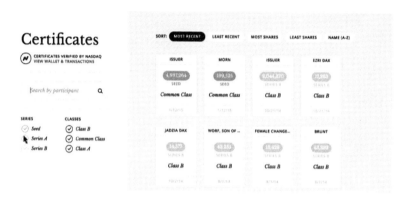

图 4-9　全部股权证书概览

来源：Pete Rizzo (2015), Coindesk

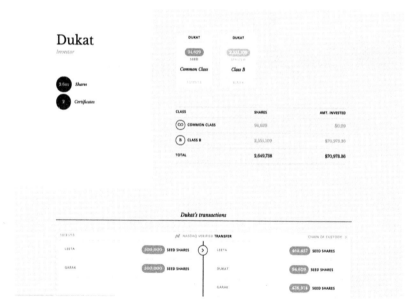

图 4-10　单一投资者持股情况

来源：Pete Rizzo (2015), Coindesk

2015 年 12 月，纳斯达克宣布区块链开发企业 Chain 成功利用 Linq 平台完成了股份发行 [1]，成为 Linq 平台正式处理的首单业务。纳斯达克在新闻稿中表示，基于区块链技术的 Linq 平台可以将股权交易结算时间从目前美国场内市场通用的 T+3 缩短至大约 10 分钟，大大缩小结算风险敞口、降低资本成本和系统性风险，并显著降低发行人的日常管理压力 [2]。

4.5　DTCC 场外交易处理

场外市场，又名柜台市场（over-the-counter，简称 OTC），是与场内交易相对的一种交易形式。场外交易不像场内交易那样有固定的交易"场所"，一般也没有集中撮合、集中竞价等有组织的交易机制，而是围绕大型交易商（dealer）开展交易，由交易商向客户或者其他交易商报价交易。与不需医生处方即可购买的 OTC 药品类似，场外市场的监管要求相对松散，主要采取建立在投资者适当性管理基础上的自律监管，灵活性强；加之场外交易产品种类多样，并且个性化极强，因此深受对冲基金等机构投资者青睐，使得场外市场近年来得到了快速发展。

但松散性和灵活性对场外市场来说是一把"双刃剑"：以做

[1] Pete Rizzo, "Chain Issues Investor Shares on Nasdaq Blockchain Platform", Coindesk, www.coindesk.com/chain-issues-investor-shares-nasdaq-linq/。

[2] Nasdaq, "Nasdaq Linq Enables First-ever Private Securities Issuance Documented with Blockchain Technology", ir.nasdaq.com/releasedetail.cfm?ReleaseID=948326。

市商双向报价和对手方直接交易为核心的市场组织形式造成场外市场的透明度和流动性先天低于交易所市场，直接导致场外市场成为系统性风险的聚集点，并引发了 2008 年全球金融危机[1]。金融危机之后，全球监管机构出台规定要求 OTC 衍生品全部采取中央对手方清算并加强场外交易数据报告库（TR）基础设施建设，就是为了提升场外市场透明度、防控场外市场系统性风险。但是对于报价和交易多通过电话和邮件等形式完成、交易后处理仍包含大量手工操作和纸质文档传输的场外交易来说，传统的标准化基础设施服务无法解决目前场外市场交易后处理存在的所有问题。

如何进一步提升场外市场交易处理的效率，降低成本，更有效地管理场外市场系统性风险？全球领先的交易后处理服务提供商美国 DTCC 认为，"区块链 + 智能合约"可以给出答案。诞生于 1973 年的 DTCC 是全球领先的证券市场后台设施，也是证券交易后处理行业率先喊出"拥抱颠覆"口号的"带头大哥"。在区块链问题上，DTCC 从不是"光说不练"：不仅投资了区块链初创公司 DAH[2] 并多次发声倡导区块链技术在监管指导下的应用[3]，还深入探索区块链在回购和 CDS 两个场外交易处理场景中的应用。

---

[1] 引起 2008 年全球金融危机的各类证券和衍生品均属于场外市场交易的产品。参见 Randall Dodd，"Markets: Exchange or Over-the-counter"，International Monetary Fund，www.imf.org/external/pubs/ft/fandd/basics/markets.htm。

[2] DAH，"Digital Asset Closes Funding Round Exceeding \$50 Million from Thirteen Global Financial Leaders"，DAH Press Release，http://digitalasset.com/press/digital-asset-closes-funding-exceeding-50-million.html 。

[3] 2016 年 7 月，DTCC 宣布支持倡议团体 Coin Center。Coin Center 是业内领先的非营利组织，其宗旨是宣传推动政府监管部门针对开放区块链和去中心计算技术进行有效监管。参见 DTCC，"DTCC Backs Blockchain Advocacy Group Coin Center"，www.dtcc.com/news/2016/july/12/dtcc-backs-blockchain-advocacy-group-coin-center。

1. 基于区块链的回购清算服务

回购全称"卖出回购交易"（英文名称为 repurchase，简称 repo），是一种常见的场外协议交易形式，其教科书定义是"卖家在出售证券时约定在未来特定日期从买家手中购回同样的证券"[①]，实际效果等同于以证券充当担保品的抵押贷款[②]。回购交易的条件由交易双方以协议形式约定，卖出证券、借入资金的一方称为"卖方"，而买入证券、贷出资金的一方称为"买方"[③]。简单举例来说：证券公司 A 今天与证券公司 B 达成回购协议，约定卖给证券公司 B 总额 900 万美元美国国债，并于一年后从 B 处购买 909 万美元美国国债[④]。这笔交易相当于 A 以市价为 900 万美元的美国国债作为担保品向 B 借款 900 万美元，借款期限为一年，利率为 1%[⑤]。

如图 4-11 所示，回购交易的生命周期通常分为交易前、交易和交易后三个部分。交易前环节主要是双方回购协议的准备，主协议文本的形式和内容依不同市场惯例而有所不同；交易环节即交易执行，这主要通过电话、邮件或者某些电子化交易平台方式

---

① Frank J. Fabozzi, Steven V. Mann (edit), *Securities Finance: Securities Lending and Repurchase Agreements*, John Wiley & Sons (2005), p10。

② Viktoria Baklanova et.al (2015), *Reference Guide to US Repo and Securities Lending Markets*, Federal Reserve Bank of New York Staff Report 740。

③ 从买方的角度讲，同样一笔交易又称为"买入返售"交易，或称"逆回购"（reverse repo）。

④ Viktoria Baklanova et.al (2015), *Reference Guide to US Repo and Securities Lending Markets*, Federal Reserve Bank of New York Staff Report 740。

⑤ 实际交易中，回购交易周期通常较短，以隔夜为主。此处事例仅供参考。

实现，标准化程度总体上远远低于场内买入卖出交易 [①]；交易后环节则包括交易确认 / 配对、买入交易结算、担保品与风险管理、返售交易结算等部分。一些市场在交易后处理的环节中引入了中央对手方提供清算、担保品管理、风险管理等服务，但各市场之间情况差异较大。

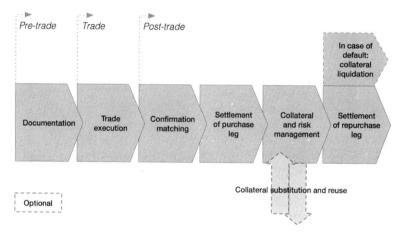

图 4-11　回购业务流程示意图

来源：High Line Advisors LL.C.(2011)

美国回购市场自 1917 年各州联储银行利用回购手段向成员银行提供信贷为起点 [②]，开展时间长，市场发展较为成熟，并对美国固定收益产品市场的发展起到了推动作用 [③]。证券业与金融市场协

[①] CPSS (2010), *Strengthening Repo Clearing and Settlement Arrangements*, http://www. bis.org/cpmi/publ/d91.pdf 。

[②] Viktoria Baklanova et.al (2015), *Reference Guide to US Repo and Securities Lending Markets*, Federal Reserve Bank of New York Staff Report 740 。

[③] Fabozzi & Mann（2005）指出，一个高流动性的债券市场离不开高流动性的回购市场。

会（SIFMA）2015 年的研究指出，美国金融市场日均回购交易协议金额约为 2.3 万亿美元，交易涉及担保品主要为美国国债（占比 37%）以及"两房"等机构发行的 MBS（占比 44.8%）和其他证券（占比 5.9%）[①]。

DTCC 作为美国证券市场的基础设施，通过其旗下清算机构固定收益清算公司（Fixed Income Clearing Corporation，简称 FICC）面向场外回购交易提供订单配对、担保品替换和结算服务。但由于回购作为一种场外交易本身的复杂性，FICC 在回购交易结算中的参与较为有限。根据结算方式，美国市场上的回购交易可以分为双边回购（bilateral repo）和三方回购（triparty repo）两种，所占比重分别 46% 和 54%[②]。双边回购一般由交易双方直接按照货银对付原则完成结算，只有部分交易商间双边回购通过 FICC 结算[③]；三方回购交易的返售交易部分由 FICC 完成净额结算[④]，但由于 FICC 并不为协商达成当日即结算的交易提供净额结算服务[⑤]，因此前半部分买入交易的结算在 FICC 之外按照全额 DvP 结算[⑥]，

[①] SIFMA, "US Repo Market Fact Sheet, 2015", www.sifma.org/research/item. aspx?id=8589955556。

[②] Goldman Sachs (2016), *Blockchain: Putting Theory into Practice*。

[③] Tobia Adrian et.al (2013), *Repo and Securities Lending*, Federal Reserve Bank of New York Staff Report No. 529。

[④] 参见 DTCC, "Repurchase Agreement Services", http://www.dtcc.com/clearing-services/ ficc-gov/repo; DTCC, "Repurchase Agreement Collateral Substitution Service", 。http:// www.dtcc.com/clearing-services/ficc-gov/repo-subs。

[⑤] Michael Fleming,Kenneth Garbade (2003), *The Repurchase Agreement Refined: GCF Repo*, Federal Reserve Bank of New York, Current Issues in Economics and Finance, Volume 9, Number 6。

[⑥] DTCC, "DTCC and Digital Asset to Develop Distributed Ledger Solution to Drive Improvements in Repo Clearing", http://www.dtcc.com/news/2016/march/29/dtcc-and-digital-asset-to-develop-distributed-ledger-solution。

担保品证券和资金的交收由摩根大通（JP Morgan Chase）和纽约
梅隆银行（Bank of New York Mellon）两家政府证券清算银行^①完成。

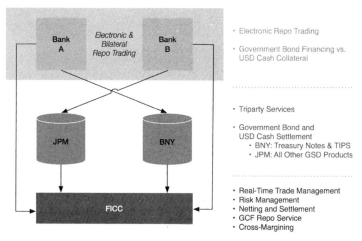

图 4-12　美国市场现行三方回购交易结算流程示意图

来源：High Line Advisors LL.C.(2011)

　　这种买入交易与返售交易结算机制的分割一方面造成交易处
理流程中存在多个中介机构参与，交易流程复杂，各方需要通过
对账确保交易记录一致，运营成本提高；另一方面，在金融危机
之后全球监管机构加强对场外交易参与者资本金要求的情况下，
买入交易一直无法实现净额结算增加了交易双方的对手方风险敞
口和资金占用成本。

　　针对上述问题，DTCC 于 2016 年 3 月宣布与 DAH 联合开展
基于区块链技术的回购交易结算处理解决方案验证实验，利用私

① Tobia Adrian et.al (2013), *Repo and Securities Lending*, Federal Reserve Bank of
New York Staff Report No. 529。

有链平台，针对以美国国债、机构 MBS 和机构债券为担保品的回购交易 ①，由 FICC 为场外回购交易前半部分买入交易提供实时结算服务，并通过引入额外的轧抵实现降低对手方风险和资本占用的目标 ②。DTCC 方面表示，选择场外回购作为应用场景是因为回购交易涉及机构多而且处理流程复杂的特性。

市场机构预计，如果 DTCC 与 DAH 此项合作可以成功在场外回购交易的买入交易端实现净额结算，将大大降低交易参与者的对手方风险和资金占用 ③，同时免除对账的必要性，降低运营成本 ④。

2. 基于区块链和智能合约的 CDS 生命周期事件管理

信用违约互换英文全称 Credit Default Swap，简称 CDS，由区块链初创企业 DAH 现任首席执行官 Blythe Masters 带领的摩根大通团队于 1995 年研究创造 ⑤，多年来已经发展成为信用衍生品的最主要形式 ⑥。所谓 CDS，指的是通过协议形式将一个或多个特定

---

① Pete Rizzo, "DTCC to Use Digital Asset Tech for Blockchain Post-trade Trial", Coindesk, www.coindesk.com/dtcc-use-digital-asset-tech-blockchain-post-trade-trial/。
② 同上。
③ 包含由于总头寸减少带来的需向 FICC 缴纳违约基金（default fund）金额方面的节约。
④ Chris Kentouris, "Blockchain: DTCC Takes the Plunge with Repo Project", finops.co/trading/blockchain-dtcc-takes-the-plunge-with-repo-project/。
⑤ Financial-edu.com, "History of Credit Derivatives", www.financial-edu.com/history-of-credit-derivatives.php。
⑥ 2014 年市场总值约为 16 万亿美元。参见：Lester Coleman, "$1.87 Billion Credit Default Swaps Settlement Strengthens Need for Block Chain Transparency", https://www.cryptocoinsnews.com/1-87-billion-credit-default-swaps-settlement-strengthens-need-block-chain-transparency。

参考实体（reference entity）的违约风险从协议一方转移给协议另一方[①]。CDS 的实际效果类似于一份针对违约风险的保险合约：CDS 买方作为违约风险的出让方向作为违约风险受让方的 CDS 卖方定期支付一定费用（类似于保险合约的保费），而一旦合约基础信用资产发生信用事件（可能包括信用违约、破产、信用评级降级等），CDS 卖方需要按照协议约定向 CDS 买方支付费用（类似于出险时保险公司的理赔）。

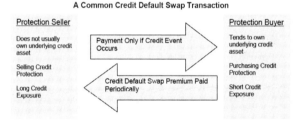

图 4-13　常见 CDS 交易结构示意图

来源：PIMCO（2006）

　　CDS 设计的初衷本是为信用资产持有人提供过一种对冲信用违约风险的手段，但却在实践中同时变成了做空游戏的工具。2008 年之后，CDS 因其在金融危机中发挥的"推波助澜"的作用[②]而"一战成名"，将 CDS 市场的不透明和 CDS 本身的复杂性暴露

① 　David Mengle (2007), "Credit Derivatives: An Overview", Federal Reserve Bank of Atlanta, Economic Review Fourth Quarter 2007, accessible at https://frbatlanta.org/-/media/documents/research/publications/economic-review/2007/vol92no4_mengle.pdf 。
② 　引用美国国家公共电台（NPR）的形象说法："如果说抵押贷款违约让金融系统生病，那么是信用违约互换将病毒传播到全世界"。参见 NPR, "How Credit Default Swaps Spread Financial Rot", www.npr.org/templates/story/story.php?storyID=96333239。

无遗。一方面，CDS 交易作为场外衍生品市场的一部分，在 2008 年金融危机爆发之前几乎完全隐藏在监管机构的视野之外，成为"野蛮生长"的"法外之地"；另一方面，CDS 作为金融工程的产物，不仅合约存续期间各种事件的管理复杂多样，其产品设计本身更并非所有人都能轻易理解，这反过来进一步加强了 CDS 市场的不透明。针对上述问题，国际监管机构在全球金融危机之后出于防控系统性风险的目的，要求金融机构场外衍生品交易强制进行 CCP 清算，同时要求加强 CDS 等场外衍生品交易向交易报告库（TR）报告制度。

DTCC 通过旗下子公司 DerivSERV 的交易信息仓库（Trade Information Warehouse，简称 TIW）为场外 CDS 交易提供相关交易后处理服务。根据 DTCC 提供数据，TIW 服务客户来自全球 70 多个国家的 2500 多家卖方机构和其他市场参与者，其生命周期事件处理服务涵盖全球市场上大约 98% 的 CDS 交易 [1]。其主要业务包括以下三种。

- 生命周期事件管理：DTCC 针对 CDS 合约多年存续期中各类生命周期事件（lifecycle events）提供综合电子化服务，帮助市场参与者提升运行效率、降低成本。相关生命周期事件主要包括：支付计算与双边轧差，企业实体重组或者更名等继承事件，破产、重组等信用事件处理等。

- 交易报告：DTCC 运行的中心化电子报告库囊括全球几乎全部 CDS 未平仓交易数据，方便市场参与者和监管机构及

---

[1]　DTCC，"Trade Information Warehouse"，www.dtcc.com/derivatives-services/trade-information-warehouse。

时查看市场风险敞口。

- 集中结算：TIW 集中结算服务与生命周期事件管理服务连接，为双边轧差的场外 CDS 合约提供从交易确认到结算的直通处理，减少手工操作。

DTCC 充分意识到区块链与智能合约在进一步优化 CDS 等场外衍生品交易方面的巨大潜力，并联合衍生品数据服务提供商 Markit、区块链初创企业 Axoni 以及美银美林、花旗、瑞士信贷、摩根大通等 4 家全球性金融机构共同开展基于区块链和智能合约的标准单名 CDS[①] 的生命周期事件管理验证测试。

测试小组在自行构建的区块链交易处理网络上，利用 Markit 提供的 CDS 交易确认信息生成内嵌 CDS 合约条款以及管理许可权限和事件处理计算逻辑的智能合约，并基于单名 CDS 的各类生命周期事件，成功进行了 85 个场景的测试。各项测试证明了基于区块链和智能合约的 CDS 生命周期事件处理系统不仅在处理功能、与外部系统对接、网络韧性、数据隐私性等方面的表现合乎预期，还可以为监管机构提供实时透明的监管便利[②]。

基于上述测试结果，DTCC 于 2017 年 1 月与 IBM、Axoni 和银行业区块链开发联盟 R3 达成合作协议，共同开发基于区块链技术的 TIW 新平台，为总值高达 11 万亿美元的信用衍生品交易提供

---

① 所谓单名 CDS，指的是基于单一借贷主体（企业或者主权国家）信用风险的 CDS。Christopher L. Culp et.al (2016), *Single-name Credit Default Swaps: A Review of the Empirical Academic Literature*, Johns Hopkins Institute for Applied Economics, AF/No.11/September 2016。

② DTCC, "Successful Blockchain Test Completed by Axoni, DTCC, Markit, and Multi-Bank Working Group", www.dtcc.com/news/2016/april/07/successful-blockchain-test-completed。

交易后处理服务 [1]。2017 年 10 月，DTCC 与合作方完成了基于私有链以太坊技术的第一阶段开发，并与监管机构和市场参与者就监管要求和数据标准问题保持沟通 [2]。DTCC 计划在 2018 年第三季度启动系统迁移工作，并推动新的 TIW 系统于 2019 年第一季度正式上线 [3]。新 TIW 预计将大大提升信用衍生品交易后处理的效率，并有望使全球银行业相关成本每年降低 200 亿美元 [4]。另外，区块链不可篡改和可追溯的特性将显著提升场外信用衍生品市场的透明度。

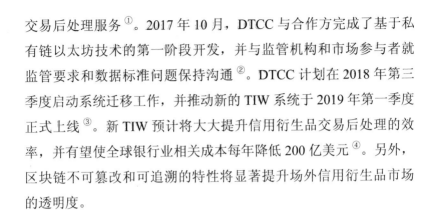

4.6　数字资产与公有链应用

认真的读者可能已经注意到，上述各种在资本市场场景中应用区块链技术的尝试几乎无一例外地使用了配备许可准入机制的私有链技术。这是不是意味着公有链完全无法胜任资本市场使用的要求呢？

事实并非如此。您可能还记得，区块链起源于中本聪建立的

① Michael del Castillo，"$11 Trillion Bet: DTCC to Process Derivatives with Blockchain Tech"，Coindesk, 9 January 2017。

② Michael del Castillo，"DTCC Milestone: $11 Trillion in Derivatives Gets Closer to the Blockchain"，Coindesk, 23 October 2017。

③ Ian Allison，"Capital Market Blockchains Are Finally Getting Go-live Dates"，Coindesk, 17 May 2018。

④ Santander InnoVentures，"The Fintech 2.0 Paper: Rebooting Financial Services"，June 2015。

比特币，而作为区块链最初形态的比特币区块链就是任何人都可以访问和使用的公有链。实际上，比特币、以太坊等公有链一直与资本市场保持着千丝万缕的联系；而这种联系的主要体现形式，一是作为资本市场参与者投资标的的数字资产，再者便是在公有链上搭建资本市场基础设施的各类尝试。

1. 数字资产与 ICO

所谓数字资产（digital asset）广义上指一切以二进制数字形式存在并附带财产所有权的事物，我们储存在电脑或者云端的音乐、图片、照片、视频、文件都可以归入数字资产之列。随着比特币价格一路飙升，越来越多此前不了解比特币和区块链的投资者开始进场购买比特币或是以太坊、瑞波币等其他山寨币，并期待从价格上涨中获利。比特币等"数字货币"日益成为人们追逐热炒的资产，渐渐地，"数字资产"也就成了这些数字货币的一个新的统称。

2017 年 12 月 1 日，美国商品期货交易委员会（CFTC）正式允许芝加哥商品交易所（CME）和芝加哥期权交易所（CBOE）推出比特币期货合约。12 月 10 日，CBOE 比特币期货合约上线交易，因访问流量过大，开盘不久便出现交易中断。12 月 18 日，CME 的比特币期货合约交易也正式启动。随后的媒体报道显示，纳斯达克、日本东京金融交易所以及德国的德意志交易所也在积极研究推出比特币期货交易。此外，CBOE 还计划推出以太币期货合约[1]。

---

[1]　Daniel Palmer, "SEC Has Removed 'Stumbling Block' for Ether Futures, Says CBOE", Coindesk, 15 June 2018。

如果说场内交易的数字货币衍生品顺利推出是监管机构乐见其成的话，那么在比特币等数字货币基础上诞生的 ICO 却着实让全球监管机构头疼。ICO 全名 Initial Coin Offering，中文译名"首次代币发行"。类似于跟它长相接近的"IPO"（证券首次公开发行），ICO 本质上是一种融资方式：区块链项目开发者在线上公开发行自己项目的代币（token 或者 coin），换取比特币或者以太币等其他流动性更好的数字货币，为项目开发提供资金。

ICO 之所以受到监管机构的密切关注，原因之一在于其星火燎原一般快速扩张的势头。根据《经济学人》杂志援引的数据，截至 2017 年 4 月，全球 ICO 项目融资总额达到 2.5 亿美元，其中 1.07 亿美元是 2017 年完成的[1]。2017 年下半年开始，在比特币价格不断创出新高的推动下，全球 ICO 活动再次产生了爆炸式的增长。研究机构 Autonomous Next 数据现实，2016 年 3 月到 2018 年 3 月，全球 ICO 融资总额达到 98 亿美元[2]。麻省理工学院 2018 年 5 月发布的数据则显示，自 2014 年起全球 ICO 募资总额已经超过 230 亿美元[3]。

监管空白是 ICO 繁荣背后的重要动因，也不可避免地引起了全球金融监管机构的注意。前述《经济学人》杂志文章指出，ICO 发行的代币"本质上是一种数字凭证"，它们"虽然不像股票那

---

[1] "The Market in Initial Coin Offerings Risks Becoming A Bubble", The Economist, 27 April 2017。

[2] 腾讯科技，《美媒：大量加密货币 ICO 属欺诈 受害者已知损失近 3 亿美元》，2018 年 5 月 18 日。

[3] Mike Orcutt, "This Visualization Shows Just How Crazy and Explosive the ICO Market Has Become", MIT Technology Review, 4 May 2018。

样代表（所有者对于发行公司的）所有权，但同样可以用于交易……并且投资者也希望（发行代币的）项目成功落地可以推动代币价值上涨（并从中获利）"[①]。但 ICO 作为一种基于互联网的新生融资手段，并没有成熟的监管体系，甚至缺乏完善的披露要求和投资者准入制度，大多数 ICO 项目仍以"众售"（crowdsale）或者"捐赠"（donation）的名义进行。在爆炸式发展带来的一夜暴富幻想中，ICO 项目泥沙俱下，很多带有明显欺诈性质的项目仅凭一纸炫目的白皮书就能融到钱，严重损害了很多普通个人投资者的利益[②]。

ICO 的监管问题目前已经列入全球金融监管议事日程。目前，劝全球各市场对于 ICO 的监管态度各不相同：中国人民银行等七部委于 2017 年 9 月宣布 ICO 是未经批准的非法融资行为并予以取缔；欧盟证券及市场管理局（ESMA）于 2017 年 11 月要求从事 ICO 相关业务的公司必须符合相关监管要求；英国金融行为管理局（FCA）提示 ICO 风险，但允许 ICO 项目开展；美国证监会则宣称将对符合"证券"定义的 ICO 代币纳入监管，并要求所有 ICO 项目必须符合反洗钱和 KYC 规定。国际证监会组织（IOSCO）主席、中国香港证监会主席欧达礼（Ashley Alder）在 2018 年 5 月 IOSCO 年会上指出，目前 ICO 监管方面最大的问题在于全球各市场的法律体系尚未跟上技术和市场活动发展的步伐，全球各市场监管机构应该加强监管协调与合作。

---

① Alex Wilhelm，"WTF is an ICO?"，TechCrunch，24 May 2017。

② 《华尔街日报》对 1450 个 ICO 项目的调查显示，其中有 271 个项目存在欺诈风险，可能存在的问题主要包括：投资者招募文件抄袭、承诺保证回报、管理团队信息披露造假等。"Buyers Beware: Hundreds of Bitcoin Wannabes Show Hallmarks of Fraud"，Wall Street Journal，17 May 2018。

但正如硬币的两面，监管的加码也反过来推动着 ICO 机制的创新。针对美国证监会将 ICO 代币纳入证券监管的立场，科律律师事务所（Cooley LLP）与协议实验室（Protocol Labs）于 2017 年 10 月 2 日发布的《SAFT 项目：迈向合规代币销售框架》[①] 白皮书中提出了名为"未来代币简单协议"（Simple Agreement for Future Tokens，简称 SAFT）的 ICO 架构。白皮书作者认为，基于区块链的代币主要包含投资代币（investment token）和实用代币（utility token）两类，其中实用代币通常具有消费属性或者在区块链系统中发挥具体功能，而非单纯的投资产品。但是在实践中，部分投资者购买实用代币作为投资品，希望在区块链项目落地后通过代币升值获利，这使得很多实用代币符合美国证监会"豪威测试"（Howey Test）[②] 对于证券发行的定义标准，从而增加了实用代币 ICO 项目的监管合规要求。

针对这一问题，SAFT 借鉴美国著名创业孵化器 Y Combinator "未来股权简单协议"（Simple Agreement for Future Equity，简称 SAFE）的理念，先安排开发者与合格投资者之间签订 SAFT 完成融资，待区块链项目完成上线之后再按 SAFT 协议中双方的约定交付代币。简单来说，SAFT 架构将一次普通的 ICO 拆分成为代币交付前的 SAFT 融资协议和代币交付后的代币转售（resale）两部分。

---

① Protocol Labs, Cooley LLP, "The SAFT Project: Toward a Compliant Token Sale Framework", 2 October 2017。

② "豪威测试"源自 1946 年"美国证监会诉豪威公司"一案判例，目前广泛用于判断特定交易是否属于证券发行，包含四点要素：资金（money）投入、期待获得收益（profits）、投资给特定事业（common enterprise）、收益完全来自发行人或者第三方的努力（solely from the efforts of the promoter or a third party）。

前者属于面向合格投资者的私募证券发行，而后者由于代币在交付后已经具有实用功能而不构成"完全依赖发行人或者第三方的努力获利"的豪威测试要素，从而完美地避开了联邦证券法对于公开发行证券的监管要求。

虽然有批评观点认为 SAFT 架构不仅无法给实用代币 ICO 项目提供法律上的确定性，反而曲解了豪威测试并增强了实用代币被作为有价证券进行监管的可能性 [①]，但 SAFT 架构还是在不少 ICO 项目中得到了应用。不过 2018 年 3 月的媒体报道称，美国证监会正在研究对 SAFT 架构采取监管行动并考虑将实用代币一视同仁地纳入证券监管 [②]。ICO 野蛮生长的黄金时代或许已经过去。

2. Overstock T0

形形色色公有链应用中，美国网上零售巨头 Overstock 旗下的 T0 项目无疑是最抓人眼球的项目之一：这不仅因为 Overstock 在接受比特币以及探索区块链应用方面有"第一个吃螃蟹"的气魄，更因为富有传奇色彩的 Overstock 老板 Patrick Byrne 希望利用比特币区块链彻底颠覆现行证券交易和结算制度、"手撕"华尔街的姿态。

这位 Overstock 董事长兼首席执行官的人生只能用"传奇"二字形容：他的父亲 John Byrne 曾担任 GEICO 首席执行官并使这家

① Cardozo Law School, "Not So Fast – Risks Related to the Use of a 'SAFT' for Token Sales", Cardozo Blockchain Project Research Report #1, 21 November 2017。
② Brady Dale, "What If the SEC Is Going after the SAFT?", Coindesk, 6 March 2018。

陷入困境的汽车保险公司起死回生,而他本人从童年起便是"股神"沃伦·巴菲特家的常客。他在达特茅斯学院学习中文、在斯坦福大学攻读哲学,博士毕业后便受巴菲特邀请管理伯克希尔哈撒韦旗下一家制作警用制服的企业。他从二十几岁开始三次被查出癌症,但顽强地三度死里逃生。1999 年他推出了线上廉价商品零售平台 Overstock,成为互联网革命的"宠儿",但之后又因为攻击华尔街的惊人言论而备受指责 ①。

图 4-14 Patrick Byrne

来源:Joe Pugliese (2014), Wired

"比特币超级拥趸"是 Byrne 另外一个知名的标签。他认为,当今世界经济问题的根源在于左右经济发展方向的政策和决定几乎全部来自政府和大型银行"拍脑袋"的一时臆想,政府作为法定货币价值的唯一来源,可以随心所欲地增加货币供应,而这一切终会将我们导向一场被 Byrne 比喻为"僵尸末日"大规模的经济衰退。"终有一天,僵尸将横行世界,"Byrne 曾表示,"而比特币正是(避免这一场景发生的)解决办法","它可以为我们的经济注入新的活力"。

Byrne 对于比特币的"崇拜"直接推动了 Overstock 拥抱比特币的步伐。2014 年 1 月,年销售收入 13 亿美元的上市公司 Overstock

---

① Cade Metz, " Meet Patrick Byrne: Bitcoin Messiah, CEO of Overstock, Scourge of Wall Street ", Wired, https://www.wired.com/2014/02/rise-fall-rise-patrick-byrne/。

宣布接受客户使用比特币支付线上购物货款，成为首个支持比特币支付的主要网上零售商 ①。2015 年 1 月，Overstock 发布新闻稿称，此前一年中接受公众比特币销售收入总计 300 万美元，并宣布将在其位于犹他州盐湖城的公司总部安装了一台 24 小时运行的比特币 ATM 机，供大众进行美元与比特币之间的兑换 ②。但 Byrne 并未止步于此：2014 年 10 月，Overstock 宣布与区块链平台 Counterparty 合作成立名为 Medici 的区块链企业，目标是开发建立一个基于区块链技术大型证券交易所 ③。

一家经营电商平台的上市公司为何要自己动手建立证券交易所？这还要从 Byrne 的另一个"执念"——股票裸卖空说起。卖空（short selling）简单来说，就是卖出你并不持有的证券。出于对证券价值下跌的预期或者对冲长头寸的目的，投资者会选择先卖出自己并不持有的证券（通常是股票），然后通过融券借来该只证券完成交收，待该证券价格下跌之后在市场上以更低价格购入证券返还借券方并实现盈利。而所谓"裸卖空"（naked short selling）就是卖空之后没有借入证券并最终导致交收失败（failure to deliver 或者 fail）。根据美国 SEC 的现行规定，裸卖空导致交收失败严格上讲是一个中性的行为，其本身不仅未必违反相关法律或 SEC 规则，并且在一定情况下反而有助于促进市场流动性。例如，在做市商制度下，在某只证券的买家剧增但卖家稀少的情

① Overstock.com, "Overstock.com First Online Retailer to Accept Bitcoin", Press Release, investors.overstock.com/phoenix.zhtml?c=131091&p=irol-newsArticle&ID=1889670。
② Overstock.com, "Overstock.com Installs Bitcoin ATM at Corporate HQ", Press Release, investors.overstock.com/phoenix.zhtml?c=131091&p=irol-newsArticle&ID=2005468。
③ Giulio Prisco, "Medici Will Be A Real Bitcoin 2.0 Stock Exchange", Cryptocoinsnews, https://www.cryptocoinsnews.com/medici-will-real-bitcoin-2-0-stock-exchange/。

况下，承担做市商职能的券商便可能会在没有做好借券安排的情况下便卖出该只证券，形成裸卖空。

但 Byrne 并不认同监管机构对于裸卖空的看法。他认为，裸卖空行为是美国现行证券结算制度中的一个漏洞，并且被各种别有用心的投机者大肆利用 [1]，不仅伤害了上市公司利润 [2]——Overstock 股票曾被大量做空，单日最高未交收空单总值曾达到流通市值的 16% [3]——更"抢劫了投资者，破坏了我国金融系统" [4]。为此，Byrne 公开指责由对冲基金、金融分析师、监管者、私人侦探、诉讼律师、黑帮以及媒体组成的"恶棍联盟"推动华尔街利用结算体制漏洞、恶意做空 Overstock 股票，然后又于 2007 年在加州提起诉讼，状告包括高盛、美林在内的各大华尔街券商利用裸卖空操纵市场 [5]。

2008 年 3 月到 9 月，贝尔斯登、雷曼兄弟等金融企业股票价格短时间内大幅下挫，导致市场信心受损，甚至发生恐慌，有媒体报道称这与部分投机者的裸卖空行为直接相关 [6]。2008 年 7 月，

① 对于裸卖空是不是一种普遍存在的现象，存在一定的争议。有一种说法认为，裸卖空就像"开起亚汽车的投行高管一样少见"。参见 Associated Press, "Short Sellers Love Overstock.com", http://chronicle.augusta.com/business/2006-02-06/short-sellers-love-overstockcom。
② 也有分析认为，Overstock 股票价格在一段时间内持续下跌与裸卖空毫无关系，而是 Byrne 经营不善造成的结果。来源同上。
③ The New York Times, "Goodbye to Naked Shorting", http://www.cnbc.com/id/30517142/。
④ Overstock, "Naked Short Selling", https://www.overstock.com/naked-short-selling.html。
⑤ The Economist, "Naked Short-selling: A Not-so-short Story", http://www.economist.com/blogs/schumpeter/2012/01/naked-short-selling。
⑥ Matt Taibbi, April 2010, "Wall Street's Naked Swindle", http://www.rollingstone.com/politics/news/wall-streets-naked-swindle-20100405。

SEC 出台紧急规定，要求市场参与者在卖空房利美、房地美以及
其他 17 家金融机构股票之前必须首先借好相应证券或者做好借券
安排①。2008 年 9 月，SEC 再次宣布采取临时紧急措施，彻底禁止
799 只金融企业股票的做空交易，以"保护证券市场的健全和质量，
加强投资者信心"②。2009 年 7 月，SEC 再次宣布通过法规修订
补充、加强卖空交易总量信息披露等方式防止恶意做空、提高市
场透明度③。

　　虽然监管层的干预对于 Byrne 来说无疑是巨大的胜利，但他
的"圣战"并未就此停止。2008 年，为了更好地应对与各路媒体
的"骂战"，Byrne 出资成立了一个名为 Deep Capture④ 的公司，
专门从事裸卖空调查以及立法游说和宣传工作，并于 2009 年 8 月
在公司网站上发表了一篇长达 80 页的调查报告⑤。而在比特币横
空出世之后，Byrne 似乎看到了彻底变革华尔街的希望。2014 年
接受 Wired 记者采访时，Byrne 直言比特币区块链可以带来一个"即

① SEC, "Emergency Order Pursuant to Section 12(k)(2) of The Securities Exchange
Act of 1934 Taking Temporary Action to Respond to Market Developments", https://
www.sec.gov/rules/other/2008/34-58166.pdf; CNN Money, "SEC to Limit Fannie,
Freddie Short Sales", http://money.cnn.com/2008/07/16/markets/naked_shortselling/
index.htm。
② SEC, "SEC Halts Short Selling of Financial Stocks to Protect Investors and
Markets", https://www.sec.gov/news/press/2008/2008-211.htm; CNN Money, "SEC
Bans Short-selling", http://money.cnn.com/2008/09/19/news/economy/sec_short_
selling/。
③ SEC, "SEC Takes Steps to Curtail Abusive Short Sales and Increase Market
Transparency", https://www.sec.gov/news/press/2009/2009-172.htm。
④ Deep Capture, "About Deep Capture", https://www.deepcapture.com/about-deep-
capture/。
⑤ Judd Bagley, "The Complete Story of Dendreon Is Now Available", https://www.
deepcapture.com/2009/08/the-complete-story-of-dendreon-is-now-available/。

时、无摩擦的市场，同时帮助我们的社会消灭一个寄生阶级——也就是包括被 Deep Capture 称为'黑箱机构'的 DTCC[1] 在内的整个金融业"[2]。

2015 年 8 月，Byrne 在纳斯达克交易所总部高调宣布正式推出了定位于新一代证券交易所系统的 T0 平台。他在发言中将"交易即结算"称为"一条指令即可同时完成交易和结算"的"重大颠覆性理念"[3]，并认为 T0 平台可以有效地解决现有体系中证券产权模糊（fuzzines of property rights）[4] 的问题。从当时 Overstock 公开的信息来看，T0 平台将开放对接各类公有链和私有链账本，以实时全额方式进行证券结算，利用"预借保证币"（Preborrow Assured Token）杜绝裸卖空，并与监管机构开展深入合作。就在那之前不久的 2015 年 6 月，Overstock 刚刚成功在 T0 平台上发行债券[5]，更增强了 Byrne 对于自家平台的信心。

但计划终究赶不上变化。2016 年突然而至的 ICO 大潮打乱了 Byrne 的布局，原本希望招徕的潜在发行人纷纷绕开平台和监管机构，选择 ICO 方式融资，打了 T0 一个措手不及——唯一的好消息

---

[1]　Deep Capture, "About Deep Capture", https://www.deepcapture.com/about-deep-capture/。

[2]　Cade Metz, Wired, "Meet Patrick Byrne: Bitcoin Messiah, CEO of Overstock, Scourge of Wall Street", https://www.wired.com/2014/02/rise-fall-rise-patrick-byrne/。

[3]　Pete Rizzo, "Overstock Unveils Blockchain Trading Platform at Nasdaq Event", Coindesk, www.coindesk.com/overstock-unveils-blockchain-trading-platform-to/。

[4]　David Floyd, "Overstock's t0: Reconciling Fiat Currency and the Bitcoin Blockchain", http://www.nasdaq.com/article/overstocks-t0-reconciling-fiat-currency-and-the-bitcoin-blockchain-cm555617#ixzz4SEfNcvif。

[5]　David Floyd, "Overstock's t0: Reconciling Fiat Currency and the Bitcoin Blockchain", http://www.nasdaq.com/article/overstocks-t0-reconciling-fiat-currency-and-the-bitcoin-blockchain-cm555617#ixzz4SEfNcvif。

就是 T0 为链上证券交易所做的技术准备具有足够强的前瞻性，用在处理代币交易上同样完美匹配。恰在这时，美国证监会于 2017 年 7 月发布了针对 The DAO 事件的调查报告，指出部分 ICO 项目发行的代币会被认定为证券而纳入证券交易监管范围之内，而一旦被认定为证券，此类 ICO 代币必须在纳斯达克等全国证券交易所或者受许可的另类交易系统（alternative trading systems，简称 ATS）进行交易 [1]。虽然这份报告对于如火如荼的 ICO 圈子来说无异于当头棒喝，但对于 T0 却是雪中送炭。2017 年 9 月 27 日，Overstock 宣布 T0 将与金融科技公司 RenGen 以及专注于 ICO 融资的投资银行 Argon Group 合作，推出全球第一家受到监管授权许可的加密代币交易 ATS [2]，重新回归了正轨。

2017 年 2 月 18 日，T0 面向合格投资者发起 SAFT 架构 ICO，据称短短 12 个小时就筹集到了 1 亿美元 [3]。英雄顺势而为，但不改初心：作为 ATS 重新粉墨登场的 T0 仍基于开放、透明、不可篡改的区块链账本，仍将"打破传统金融制约、构建全球加密证券资本池"以及"通过使公私企业得以交易代币化证券根本性颠覆现有金融市场"作为奋斗目标 [4]。当然，Byrne 也没有忘记跟裸卖空结下的"梁子"：新 T0 通过利用区块链记录平台上所有交易杜绝裸卖空行为，虽然这项功能的名字改成了"数字圈定凭证"

[1] SEC, "Report of Investigation Pursuant to Section 21(a) of the Securities Exchange Act of 1934: The DAO", Release No. 81207, 25 July 2017。
[2] Ash Bennington, "Regulated ICOs Arrive: Overstock to Open Exchange for Legal Token Trading", Coindesk, 27 September 2017。
[3] Paul De Havilland, "A Rpeort on the tZero ICO Whitepaper", ICO News, 25 February 2018。
[4] tZero, "Distirbuted Ledger Platform for Capital Markets: Token Sale Summary"。

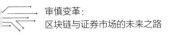

（Digital Locate Receipt）。

3. Nivaura 公有链证券发行

　　Nivaura 是一家颇为神秘的公司。这家总部位于英国伦敦的创业企业有一个理论物理学家出身的首席执行官，2016 年 11 月被纳入英国金融行为监管局（FCA）金融科技监管沙盒——这似乎就是我们已知的关于这家公司一切信息了。但在 2017 年 11 月 22 日，Nivaura 突然成为全球金融科技行业关注的焦点：因为在这一天，Nivaura 成功完成了全世界首笔以太币计价的区块链债券发行。

　　欧美市场现行债券发行流程十分复杂：一方面，名义持有制度下名义持有人与受益所有人分离，发行人与实际债券投资者之间夹杂着登记处、经纪商、托管行、财务代理等多个提供中间环节，业务流程长；另一方面，大量业务流程仍然通过电话、传真、邮件等方式手动完成，导致发行效率降低、成本居高不下，使中小企业难以利用资本市场进行直接融资。

　　本次以太币计价债券的发行人 LuxDeco 就是一家总部位于英国、专门从事家居用品线上销售的中小企业。Nivaura 基于 FCA 监管沙盒和微软 Azure 云存储平台，利用自身集用户管理、交易执行和交易后服务于一体的系统以及智能合约技术，同时借助摩根大通、安理律师事务所和穆迪评级公司在业务流程、文件合规和定价评级等方面的专业优势，实现了 LuxDeco 债券发行全流程的自动处理。投资者通过自身以太坊钱包完成资金划转和本金、利息收取等动作，受益持有人记录在以太坊区块链上永久记录，产权所属清晰明确。

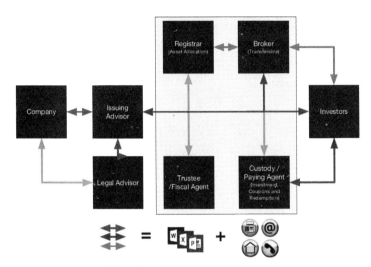

图 4-15　现行债券发行业务流程图

来源：Nivaura (2017)

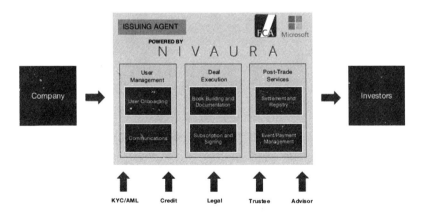

图 4-16　Nivaura 平台示意图

来源：Nivaura (2017)

更重要的是，此次债券发行是在没有 CSD 等中介机构参与
的情况下、基于以太坊公有区块链完成的^①——实际上，Nivaura
作为本次发行中最主要的中介机构也是可以去掉的，因为交易涉
及的全部债券和以太币均可在以太坊公有链上独立验证，即便
Nivaura 平台停止运营也不会影响发行人与投资者之间债权债务关
系的履行。在这种情况下，债券发行成本大大降低：根据 2017 年
Nivaura 进行的估算，通过 Nivaura 平台发行债券的成本最多可以
比现行金融体系债券发行成本低 88%^②。

2018 年 3 月 16 日，Nivaura 再次与合作各方成功地在以太
坊公有链上发行了全球首只区块链结构化产品^③，在推动公有链
金融基础设施的道路上又迈出了坚实的一步。此前名不见经传的
Nivaura 之所以让我们激动，是因为它代表的资本市场未来发展的
另一种可能。正如 Nivaura 首席执行官 Avtar Sehra 所说："随着
加密货币或者代币化的法币逐渐成为被广泛接受的支付方式，自
动化加密货币计价的金融交易成为标准做法的日子也不远了……
我们的实践证明，利用开放的公共基础设施处理受监管金融工具
的交易是可行的，而我们从一开始就一直坚信，公有链是未来的

---

① 根据媒体报道，在此之前 Nivaura 还就比特币区块链上发行债券进行了测试。
测试结果显示，虽然由于比特币平台不易编写智能合约造成部分业务流程实现效
果不及以太坊平台，但总体上看仍可实现一定程度的自动化。Michael del Castillo,
"Who Needs A CSD? Nivaura to Issue First Regulated Ether Bond", Coindesk, 22
November 2017。
② Avtar Sehra, "Nivaura Overview", 2017。
③ Allen & Overy, "World's First Blockchain Structured Product", News, 20 March 2018。

发展方向。" [1]

 小结

殊途同归

纵观当今全球金融市场应用区块链技术的尝试，"竞合"二字或许是最好的概括。

竞争当然不可避免：有同类机构之间"先入为主"的领军之争，有中心化金融基础设施与潜在"颠覆者"之间的攻守之争，更有私有链与公有链之间的路线之争。

但竞争中亦有合作：ASX 请来初创企业 DAH 委以开发 CHESS 替换系统的重任，声称要"手撕华尔街"的 T0 一直与美国证监会保持密切沟通，DTCC 分别选择 DAH 和 Axoni 进行两个不同场景应用的开发……毕竟资本市场体系复杂、牵涉利益众多，单枪匹马是难以拼出一片天地的。

百花齐放、百家争鸣。就在这样你中有我、我中有你的竞争与合作当中，区块链与资本市场日益融合，一点点描绘出未来资本市场的蓝图。

---

① Allen & Overy, "Nivaura Executes World's First Automated Cryptography Bond Issuance Supported by Allen & Overy", News, 22 November 2017; Michael del Castillo, "Who Needs A CSD? Nivaura to Issue First Regulated Ether Bond", Coindesk, 22 November 2017。

第5章

理想与现实：区块链
在资本市场发展的
远虑近忧

区块链虽然有千般好处，但短期来看，也并非万能的灵药。资本市场关联面广、牵涉利益巨大，在区块链这个"外来者"面前，或许注定禁不起"折腾"。对于区块链这种底层数据库技术，不能搞"为了用而用"的"大跃进"。首先，必须正确认识资本市场的本质，充分理解传统中心化交易结算基础设施在信用维护、隐私保护、风险防控、市场监管方面的重要作用；其次，要在立足解决现实问题并着眼未来发展需要基础上做好"顶层设计"，小心求证、步步为营地推进落实。只有这样才能实现资本市场与区块链的"双赢"。如果违背了资本市场的基本事理逻辑，搞脱离内在发展需要的"脱实向虚"，只能造成"旧忧难解、又添新愁"。这一章，我们就来探讨区块链技术在资本市场应用的适应性、潜在不确定性和几个重点设计问题。

5.1　资本市场的独特性

脱胎于比特币的区块链技术是否在资本市场也能取得成功？严格地讲，在目前仍然缺乏成功先例的情况下，这个问题暂时还没有明确的答案，事实上想要清晰描绘出资本市场交易结算业务的演进图景是非常困难的。在资本市场游戏规则明显有别于支付领域，并且区块链技术本身仍有待完善的情况下，一拥而上、生搬硬套只能造成"橘生淮南则为橘，生于淮北则为枳"的结果。

无论是比特币还是瑞波，目前区块链在金融业较为成功的应用主要集中在支付领域，而跨境支付更是区块链应用的主要场景。虽然这与区块链脱胎于比特币不无关联，但也在一定程度上表明，区块链向其他领域——证券的交易、登记、结算等环节——的延伸仍然存在不小难度。

1. 资本市场是个更为复杂的生态系统

在比特币市场中，买卖双方对比特币的交易几乎构成了这项游戏的全部，即主要依托区块链对支付结果进行记录。与支付相比，资本市场是一个复杂得多的生态系统。一方面，构成资本市场的主体多种多样，不仅有直接参与买卖的交易双方，还有利用证券融资的发行人、帮助客户进行交易的证券公司、帮助客户保管资产和完成结算的托管银行、提供交易平台的证券交易场所，以及为整个市场提供交易结算等服务的后台设施。各类主体分工明确、相互配合，共同构成了当今资本市场的格局。另一方面，资本市场的"玩法"也是千变万化，交易所市场里标准化的产品本就多种多样，场外非标的个性化产品更是五花八门，而各种衍生产品和创新的玩法则更是令人眼花缭乱。即便是最基本的场内"一买一卖"的证券交易，本质上也是两种资产（证券和资金）在基础设施系统中完成互换的价值交换过程，支付仅仅是其中的一支。

2. 理解传统中心化基础设施的重要意义

所谓"存在即合理"。在这样一个环环相扣、利益众多的系统中，中心化交易结算设施的诞生和发展并非是历史的偶然或者巧合，而是因为它在以下四个方面所具有的独特作用。

（1）信任的维护者

信任是我们这个世界上一切正常的社会活动的基础。资本市场事关社会资金的流转利用，可以说一边连着国计一边连着民生，自然更少不了信任这个基础。但资本市场中的信任不等于人际关系中的信任，正如没有一个投资者可以完整地掌握所有上市公司和其他市场参与者的详细情况，投资者之所以放心地开户进场，是出于对这个市场的机制和体制的信任，是因为他放心这套体制可以保护他的合法利益不受损害。

举个例子。证券与比特币的本质区别在于，证券具有比比特币（包括各种山寨币）更加丰富的内涵。我们知道，随着发行人业绩的增长，投资者会获得股票分红和债券派息的收入，而比特币投资者是没有的。在中心化的传统模式下，证券登记机构是投资者和发行人中间的见证者，发行人一般需通过登记机构履行红股、红利款、利息款及时支付的义务。试想，如果去除作为第三方信任中介的证券登记机构，区块链能否有效确保发行人履约、保护投资者权益？[①]。

基础设施作为资本市场背后的管道，正是一整套信任体制的集中体现：它核查投资者的身份，让每个投资者可以安心地交易；它对参与结算的证券公司和银行进行资质管理，保证投资者资产的安全；它组织买卖双方按时合规完成证券和资金交收，维护市场正常运行；它保证发行人能够按时足额向投资者实施分红派息，维护投资者对于发行人的收益权。如果说监管机构乃至法律法规是市场信任的终极来源，那么基础设施就是贴近每个市场参与者身边的市场信任的维护者。

正如欧洲中央银行的研究报告所断言的那样："（基础设施）公证处的职能对于市场稳定十分重要，很多国家的市场都将确保

---

① 有研究认为，在区块链去中心化模式下，投资者可能会要求证券发行人提高每次的分红派息数额，增加分红回报，以补偿他们所面临的风险，这时证券发行人所面临的成本压力可能比存在证券登记机构时更高。Eric Wall, Gustaf Malm (2016), *Using Blockchain Technology and Smart Contracts to Create a Distributed Securities Depository*。

证券发行以及交易结算诚实性的工作托付给受监管的垄断经营机构。如果分布式记账技术得到采用，这一角色仍将至关重要，因为市场仍然需要一个可靠的机构去保证分布式账本中记录的证券数量与发行数量一致"[①]。

（2）隐私的保护者

寻求透明与不透明之间合理的平衡，是中心化资本市场基础设施的使命。市场透明度的保护，核心在于两点：一是对谁透明，二是如何实现。

关于对谁透明的问题。前文提到了维护市场透明度的重要性，但"水至清则无鱼"，完全透明的市场也是无法运行的——如果你费尽心力研究出的交易策略在下单之后立即公之于众并被其他投资者争相模仿，你还会选择继续交易吗？另一方面，根植于投资者基因中的"动物精神"，很可能使非理性的交易模仿成为市场助涨助跌的背后推手。在虚拟经济与实体经济已充分融合的今天，羊群效应、首因效应、过度自信等人类的心理"缺陷"极易引发系统性金融风险。

关于如何实现透明的问题。资本市场基础设施技术革新具有很强的潜在负外部性，改变现行成熟运行模式除了重置成本巨大以外，技术革命将外溢到业务层面，业务活动的游戏规则也将随区块链而改变，传统模式向脱媒演变，整个金融系统的不确定性将人为增加。事实上，影响市场透明度的主要因素是制度安排问题。在传统发达金融市场，如美国、英国、德国、中国香港等，

---

① Andrea Pinna, Wiebe Ruttenberg (2016), *Distributed Ledger Technologies in Securities Post-trading*, European Central Bank Occasional Paper Series。

证券的登记存管模式基本为"间接持有制"，也就是说，投资者委托托管商帮他持有证券——在上市公司股东名册上只显示托管商的名字，因此证券登记机构难以获知背后哪个投资者真实持有这只证券。但不少新兴市场，例如中国大陆、芬兰、澳大利亚等，较好地解决了透明度问题，关键在于采取"直接持有制"，证券登记机构可以直接看穿到底层投资者，对投资者持仓、交易情况做到耳聪目明。所以说，当前全球资本市场透明度总体较低并非是技术问题，而是制度问题。

总体来说，目前资本市场交易结算基础设施从全市场利益出发，站在中心的位置统一收集管理市场数据并对监管部门等特定主体开放，虽然在某种程度上存在缺乏数据透明性的问题，却也是对保护特定市场信息合理保密性、支持监管机关实施市场监控的最现实有效的制度安排。当然，目前不少区块链网络探索采用"零知识证明"（Zero-knowledge Proof）等方法，尽可能解决参与者交易隐私保护的问题，可以看作对完全公开透明的经典区块链模型的完善和改良。

（3）风险防控大中枢

资本市场基础设施表面看来平淡无奇、循规蹈矩，但实际上每天都暗潮汹涌，甚至"危机四伏"。

从金融风险来看，回顾历史我们不难发现，局部零星的交收违约逐渐传染并最终导致全市场的流动性枯竭是金融危机的常见套路，而确保交易成功、防止违约连锁反应正是资本市场基础设施的天职所在。经过几十年的发展，全球主要资本市场均已基本建立了系统完善、功能完备、制度健全、监管全覆盖的系统性风险防控体系，而中心化的基础设施作为各类市场风险的集聚点，综合利用以中央对手方清算为核心的一系列机制，发挥着市场风控中枢的关键作用。

从法律风险来看，KYC（"了解你的客户"）是全球资本市场实施投资者适当性管理，加强投资者合法权益保护的根本要求。资本市场的后台部门（包括证券登记机构、证券公司等）需要在每名投资者进入资本市场之前对其进行身份验证，全面了解客户信息，防范因身份造假、虚假交易引起的法律纠纷，同时根据客户的实际情况，为其提供与其风险承受能力相匹配的金融产品和服务。

（4）金融监管新前线

近30年以来，全球监管机构越来越意识到资本市场基础设施在维护市场秩序、防范系统性风险中的核心地位，并且一直寻求通过推行最佳实践、加强标准制定等方式强化基础设施的建设与管理。

1989年，30人小组针对证券结算体系发布了《关于证券清算交收体系的报告》，第一次系统性地对证券结算领域的实践进行规范，在很长一段时间内，该报告中所提建议被作为全球资本市场基础设施的基本指导原则。

2008年全球金融危机后，G20首脑会议要求各国加强国际合作，增强结算支付系统等金融市场系统重要性基础设施的抗风险能力，特别是所有标准化的场外衍生品合约都要通过中央对手方清算。在这种背景下，《金融市场基础设施原则》于2012年正式出台，成为资本市场基础设施监管的核心标准。

近年，各国和地区的监管机构日益强调资本市场交易结算基础设施作为市场监管的关键切入点的地位，不断加强监管要求 ①。
实践已证明，证券期货交易所、登记结算机构已经成为监管机关
对市场运行进行监控及形势研判、对投资者实施"穿透式"监管、
防范系统性金融风险的重要依托。

5.2　业界对于区块链技术的态度

1. 金融监管当局：谨慎的乐观

（1）广泛寻求各利益相关方的意见

区块链在资本市场应用的落脚点在于付诸交易结算实践，这
对于决策者来说需要极大的勇气。如果区块链技术真的取代了基
础设施的某些功能和角色，既有的交易秩序和风险结构必将改变，
巨大的决策压力使得监管机构不得不广泛征询业界意见。比如，
美联储的分布式账本工作论文在撰写过程中征集了大约 30 家金融
基础设施机构、市场机构、政府部门以及科技初创企业的意见和

---

① 以欧美发达市场为例：美国《多特—弗兰克法案》授权美国证监会、美联储
加强对于证券登记结算机构的宏观审慎监管，并可颁布支付和清算行为的相关规
则；在英国，英格兰银行下设审慎监管局（PRA）和金融行为监管局（FCA），
依据 2009 年的《银行法案》等法律法规，对证券市场基础设施的治理机制、风险
防控、风险处置和信息披露等方面进行监管；欧盟则在致力于推动金融基础设施
整合的同时，先后于 2007 年、2012 年和 2014 年出台了《欧盟金融工具市场法规》
（MifID）、《欧盟市场基础设施规则》（EMIR）和《欧盟中央证券存管条例》（CSDR），
推动欧盟内金融基础设施监管框架的统一要求。

看法。ESMA 在发表区块链研究报告的同时，向全球金融市场的利益相关者，包括证券登记结算机构、交易所、市场机构、技术提供商，发放了包含 27 个问题的调查问卷，寻求来自市场的反馈。WFE 联合 AMCC 向全球 23 家金融基础设施机构发放了包含 26 个问题的调查问卷，并基于问卷调查结果形成了《金融基础设施与分布式记账技术》的调查报告 ①。

（2）立足公共政策目标和风险防控

在认可区块链优势的同时，监管机构普遍注重对区块链能否实现公共政策目标，是否可能引发额外风险进行考量。FSB 在 2015 年就开始研究创新技术对于全球金融体系的影响，并在 2016 年 7 月公开称正在考察电子货币的潜在风险。国际清算银行认为，在由区块链和智能合约主导金融市场交易的情况下，宏观经济形势变化可能引发全市场范围的客户保证金（margin call）压力上升，导致整个金融体系流动性紧张并引爆系统性风险 ②。国际证监会组织指出，无须验证即可加入的非许可型分布式账本（permissionless DLT）可能带来新的风险 ③。2016 年 11 月，FSB 常务秘书 Svein Andresen 在英国皇家国际事务研究所表示 ④，FSB 正在关注区块链技术对金融稳定的影响，并将会同 CPMI 等国际组织持续关注监管机构和市场参与者面临的重大问题。ESMA 在承认区块链技术

---

① WFE (2016)，*Financial Market Infrastructures and Distributed Ledger Technology*。
② CPMI (2017), *Distributed Ledger Technology in Payment, Clearing and Settlement: An Analytical Framework*。
③ IOSCO (2017), *IOSCO Research Report on Financial Technologies (Fintech)*。
④ Stan Higgins, "Financial Stability Board Expands Distributed Ledger Research", Coindesk, http://www.coindesk.com/financial-stability-board-expands-distributed-ledger-research/。

潜在优势的同时，直言不讳地指出区块链技术的技术问题、管理框架问题、隐私问题、合规性问题以及相关风险，并且明确提出，必须坚持跟踪在相关技术普遍采用后对于投资者可能带来的风险。香港金融管理局（Hong Kong Monetary Authority，简称 HKMA）发表的白皮书指出，区块链技术的匿名性和去中心化特性可能与金融法规和 KYC 政策发生冲突，为违法犯罪活动创造理想环境，增加洗钱风险 [①]。协调欧盟银行、证券、保险行业监管的欧盟监管机构联席委员会在 2017 年 4 月发布报告指出，"金融基础设施与金融科技通过分布式账本等技术的交互将为此类机构带来网络安全方面的威胁。这种风险虽然是远期的，但同时也是快速发展变化的" [②]。

（3）强调监管协作和监管标准共建

WFE 在对 ESMA 的区块链报告的回复中称，建议 ESMA、IOSCO、G20 等监管部门和国际组织联合起来，更多地采取合作的方式探索研究区块链技术影响，并强调，由于区块链技术具有明显的跨区域性、互联性的特点，建立全球范围内一致的监管指引或原则是极其必要的。

2. 基础设施的区块链策略

作为资本市场的主要服务提供者，基础设施普遍从配合监管当局落实政策目标、满足市场需求、兼顾技术可用性的角度制定区块链技术使用策略。

[①] ASTRI (2016), *Whitepaper on Distributed Ledger Technology*。
[②] Joint Committee of the European Supervisory Authorities (2017), *Joint Committee Report on Risks and Vulnerabilities in the EU Financial System*。

（1）与所属监管当局步调一致

相比其他国家的金融监管当局，美国和澳大利亚证监会对于区块链技术似乎更为乐观。2016 年 3 月，CFTC（美国商品期货委员会）委员 Christopher Giancarlo 指出，监管机构应当以"不妨碍"区块链在资本市场应用为原则，并声称区块链技术可能在 2008 年拯救雷曼兄弟[①]。从实践中看，美国的确"跑得最快"：NASDAQ已于 2015 年投产了 Linq 区块链系统，DTCC 在 2016 年已经基本树立了在证券后台应用区块链的领导者地位。唯一能够与美国对手比肩的是澳大利亚交易所集团，他们正在探索利用区块链替换目前所使用的 CHESS 结算系统。相比而言，欧洲监管当局虽然也在对区块链技术进行积极论证，但总体态度明显更为谨慎，相应地，欧洲主流证券交易所、证券存管结算机构迈出的步子也相对较小。

（2）聚焦重点问题领域

比起全面推翻现有业务模式，大多基础设施遵循问题导向之路，以避免引发大规模技术风险。根据 WFE 与国际证监会组织附属会员咨询委员会（AMCC）联合进行的问卷调查，在受访 23 家金融基础设施机构中，有 21 家表示正在探索区块链技术的应用，而且大多数机构希望利用区块链实现节约成本、提升效率、降低风险的目标，有针对性地提升自动化、简化业务过程、减少认证环节和手工对账、缩短交易时间、促进数据整合、提升系统可恢复性。在广泛征求行业咨询意见之后，SWIFT 也在其发布的《区

---

① Andrew Quentson, "CFTC Commissioner: Blockchain Tech Could Have Averted Leham Collapse", CryptoCoinsNews, https://www.cryptocoinsnews.com/cftc-commissioner-blockchain-tech-averted-lehman-collapse/。

块链对于证券交易生命周期的潜在影响》报告中得出结论：行业对于区块链技术的探索一般集中于特定场景，尤其是不存在中央证券存管机构的领域。作为证券登记机构巨头，Computershare 与 SWIFT 观点一致，表示它正在着重关注那些此前不存在基础设施或者极其低效的区块链应用场景。

（3）呼吁监管当局发挥作用

面对来势汹汹的区块链大潮，处于守势的金融基础设施普遍希望借助监管当局建立和维护新的市场秩序。Euroclear 呼吁，区块链技术在资本市场大规模实施的前提应当是全面的监管指导，包括 ESMA 在内的全球资本市场监管当局，需要考虑制定特殊的监管规则、原则以规范区块链技术，满足金融市场稳定、投资者保护、维护市场公平公正的目标。与 Euroclear 持有类似观点，欧洲中央存管协会（ECSDA）在其 2016 年发布的报告中也建议 ESMA 在虚拟货币领域应当扮演一个更为积极的角色，推动全球化的合作，建立适应性的监管框架。

（4）担忧技术问题

区块链技术的可用性、可扩展性、稳定性、安全性是金融基础设施最为在乎的问题，也是他们决定是否采用这项全新技术的基本前提。在 WFE-AMCC 的调查中，大多数机构对于区块链技术究竟能否像所预期的那样不断发展壮大表达了莫衷一是的态度。欧洲最大的证券存管结算机构明讯银行（Clearstream）总裁 Marc Robert-Nicoud 在《领导者》杂志上撰文称，"虽然区块链技术能够在一定程度上提升业务效率，但是我们为了获得目前资本市场的稳定以及投资者资产的安全，付出了巨大的努力。新技术必须跨越信任、合法、安全的鸿沟。明讯银行将采取相对平衡的策略应用区块链技术"。2015 年以来，澳大利亚交易所集团虽然在大张旗鼓地为其区块链项目造势，但是也提出，除非区块链系统能够提供同样稳定、可用的业务功能，才考虑真正替换其在用的 CHESS 系统。同样地，DTCC 在努力打造自己在区块链金融领域领导者地位的同时，一样非常关注区块链技术的风险。对此，DTCC 首席架构师表示[1]，在区块链世界里，风险管理重要性是首要的，对于 DTCC 来讲，区块链所改变的无非是他们所使用哪种技术。

（5）倡导广泛的行业合作

DTCC 指出，区块链技术在资本市场中的运用需要行业范围的广泛讨论，建立达成共识的行业标准，避免重蹈现有业务、技术分割化局面的覆辙。Computershare 的区块链应用策略是与澳大利亚交易所和 DTCC 等机构合作，共同推动市场效率的不断提升。WFE-AMCC 所调查的受访机构中的大多数已经加入了有关区块链技术联盟，包括超级帐本项目（Hyperledger Project）和交易后分布式账本组织（Post-Trade Distributed Ledger Group），这些机构普遍表示，行业性的合作可能有利于区块链技术的潜在优势得到充分发挥。

（6）强调传统基础设施的主导地位

DTCC 相信，其作为服务于全球资本市场 40 年并受到严格监管的金融基础设施，是充当全球资本市场区块链应用"带头大哥"最为合适的机构。对于谁来领导革新，Euroclear 虽然没有明确指出由哪个机构牵头引领，但表示，为确保区块链技术引入资本市场

---

[1] Michael Del Castillo，"The Long Disrupt: How Blockchain Startups Are Reshaping the DTCC"，Coindesk, http://www.coindesk.com/blockchain-startups-reshaping-dtcc/。

第 5 章
理想与现实：区块链在资本市场发展的远虑近忧

能够真正获得积极收益，参与制定行业标准或协议的机构应当是拥有相关牌照的机构，并且技术探索活动应当受到来自当局的监管。

 ## 5.3　区块链的局限和不确定性

在不考虑重置成本的情况下，区块链究竟能否颠覆现有中心化格局、全面重构资本市场交易结算业务，实际上取决于区块链能否在复杂多变的资本市场中发挥维护信任、保护隐私的作用，能否按照监管机构的要求和规则有效防控各种市场风险。区块链能做到吗？目前看来，这仍是一个大大的问号。虽然我们必须承认，区块链在客户身份验证信息的收集和利用等方面较传统中心化系统更具优势[①]，但要完全替代现有中心化系统，区块链仍有很多问题需要解决。或许，区块链并不如我们想象的有"十项全能"。

1. 业务适应性

业务模式角度来看，虽然有研究已经提出了利用"区块链＋智能合约"的组合构建分布式中央证券存管机构的方案[②]，但受到业内更多关注和争论的是去中心化的区块链将如何取代中央对手

[①]　Ka Kei Chan, Alistair Milne (2013), *The Global Legal Entity Identifier System: Will it Deliver?*。

[②]　Eric Wall, Gustaf Malm (2016), *Using Blockchain Technology and Smart Contracts to Create a Distributed Securities Depository*。

方结算机构。上文谈到过，中央对手方清算机制利用多边净额结算和担保交收同时实现了结算效率的提升和交收失败风险的防控。这给区块链提出了一个两难的选择：如果坚持区块链本质而不依靠其他机制，那就只能采取逐笔全额交收（与中央对手结算正相反），虽然可以比较有效地确保交收成功，但全额结算带来的效率降低如果放在一些交易频繁的场内市场中，就会成为市场参与者"难以承受之重"；如果要延续中央对手方清算的净额结算做法，那么必然需要引入智能合约，但这样一来又不可避免地需要首先解决智能合约代码安全性等问题，这仍然有待于相关技术以及配套制度的进一步发展和健全。

2. 技术安全性

技术的安全性是制约区块链应用前景的另一大瓶颈。虽然区块链与传统中心化系统比较在安全性上存在一定优势，但区块链绝不是固若金汤、无懈可击的。一方面，区块链与其他由代码编写而成的计算机程序一样，难免会出现漏洞，毕竟就连已经相对成熟并且一直稳定运行的比特币近年来也是接连有漏洞爆出。从其他软件程序的情况来看，有些漏洞可能会长期潜伏，直到突然爆发并造成严重的损失①。另外即便是例行的软件版本更新，如果

---

① 例如，2014 年 4 月，在 OpenSSL 协议中发现了"心脏流血"（Heartbleed）漏洞，不仅影响了以 http 开头的网站，黑客还可以利用此漏洞直接向个人电脑进行攻击。这项 OpenSSL 安全缺陷的影响之大，以至于使美国国土安全部向民众发布警告。其后，出现了更加严重的 OpenSSL 协议的"破壳"（Shellshock）漏洞事件，这个漏洞隐藏时间长达 22 年，直到 2014 年 9 月被发现。

操作不当也会造成严重的问题：2013 年 3 月，由于参与比特币网络的节点、矿工没有同步更新软件，不同的网络节点同时使用两个版本的比特币协议，最终造成比特币区块链的"硬分叉"（Hard Fork）问题 [1]。

3. 网络安全性

网络安全防范同样将成为区块链系统需要面对的问题。静态来看，欧洲中央银行研究认为 [2]，区块链网络真正的安全水平在很大程度上依赖于每个节点抵抗外部攻击的能力：如果每个节点都采取了高标准的安全措施，网络攻击的难度将大大提高；但如果每个节点的安全标准较低，尤其是在个人网络节点难以达到传统基础设施技术标准的情况下，账本内容泄露的风险其实是上升了。

动态来看，有研究指出，即使全球各国在抵御黑客的道路上付出了很多的努力，但是很难说有一款软件对于黑客可以完全免疫 [3]。同时，软硬件技术水平的发展不单可以帮助我们提高网络安全水平，也可能为黑客所用而成为攻破我们防御的利器。电子计算机算力的飞速发展或将降低发起 51% 攻击的难度，而谷歌正式攻破 SHA-1 加密算法的消息 [4] 也让人担心比特币网络使用的 SHA-256

---

[1] 即出现了两条同时存在的区块链，形成了两套账本。

[2] Andrea Pinna, Wiebe Ruttenberg (2016), *Distributed Ledger Technologies in Securities Post-trading*, European Central Bank Occasional Paper Series。

[3] Angela Walch (2015), *The Bitcoin Blockchain as Financial Market Infrastructure: A Consideration of Operational Risk*, New York University Journal of Legislation & Public Policy, Vol. 18 Issue 4, 2015。

[4] Corin Faife, "Who Broke the SHA1 Algorithm (And What Does It Mean for Bitcoin)？", http://www.coindesk.com/who-broke-the-sha1-algorithm-and-what-does-it-mean-for-bitcoin/。

算法是否也终将被人攻破，这些都可能在根本上动摇区块链安全机制的根基。美国金融稳定监督局（Financial Stability Oversight Council）在 2015 年年报中 [1] 指出，近年的网络攻击正在谋求对于金融系统运行发起更加致命的攻击，如果区块链被广泛应用于金融基础设施，必将成为黑客攻击的主要目标。要维护区块链系统的安全，就必须在这场争分夺秒的"军备竞赛"中毫不懈怠地时刻争取先机。

5.4 资本市场区块链设计的四个重点问题

1. 资本市场区块链的准入许可问题

资本市场本质上是个限制性的市场：发行人发行证券需要遵守监管规定并按要求披露相关信息，市场参与机构和基础设施的经营行为受到严格的监管，投资者进入市场之前更是必须接受严格的身份认证并满足反洗钱要求，堪称"五步一岗，十步一哨"。

被称为"价值互联网"的区块链网络本质上是开放的。以区块链的起源比特币为例：作为一个基于互联网的区块链网络，比特币对所有参与者完全开放，参与比特币交易不需要提供任何真实的身份信息，也不受任何地域或者国籍的限制。这种"我家大门常打开"的方式虽然被不少人奉为圭臬，但是否适合资本市场？

---

① Financial Stability Oversight Council, supra note 62, at 3。

（1）许可链 vs 非许可链

实际上，比特币区块链并非区块链的唯一形式。按照网络参与者要获得验证节点身份是否需要许可认证以及区块链数据本身是否完全公开透明，区块链可以分成以下种类[①]。

按照参与者要获得验证节点身份是否需要许可认证，可以分为：

- 非许可链（permissionless blockchain）：任何参与者都可以在不经任何事前许可的情况下向网络贡献算力，参与验证过程；

- 许可链（permissioned blockchain）：验证节点由中心化权威机构或者一个若干方组成的联盟（consortium）选出。

按照区块链本身数据是否完全公开透明，可以分为：

- 公有链（public blockchain）：任何人都可以自由读取区块链数据或者向区块链提交交易；

- 私有链（private blockchain）：读取数据和向区块链提交交易的权限仅限于部分用户。

实践中，大多数非许可链均允许公开访问，而大多数许可链都旨在通过权限来限制对系统的参与和对数据的访问。因此，我们也可以将区块链简单分为非许可链和许可链两类。二者各具特色，也各有不足。

除了几乎不设访问门槛、使用方便之外，非许可链的主要特色就是它可以有效地防范拿用户身份做文章的"女巫攻击"。所谓女巫攻击（sybil attack），简单来说，指的是 P2P 网络的参与者

---

① Gareth Peters, Efstathios Panayi (2015), *Understanding Modern Banking Ledgers through Blockchain Technologies: Future of Transaction Processing and Smart Contracts on the Internet of Money*。

通过恶意伪造或者仿冒身份获取影响和控制系统的能力。通常防范女巫攻击的方式是利用受信代理对系统参与者进行认证，但非许可链反其道而行之：以比特币区块链为例，不仅干脆对用户身份不闻不问，并且还完全开放了数据查询和交易验证参与权限，用链式的账本结构和成本与日俱增的 PoW 机制维护系统安全，好比一出"空城计"。

但正所谓"成也萧何，败也萧何"，非许可链的优势也同时造成了它的软肋：一方面，PoW 高昂的成本让女巫攻击者望而却步，但也导致系统耗能严重、交易成本高①；另一方面，对于维护网络安全具有关键作用的数据公开访问也影响了隐私信息的保护。

相比之下，许可链选择继续走身份认证这条准入的"老路"，虽然在去中心化的"纯洁性"以及反审查功能（censorship resistance）方面打了折扣②，但由于许可链网络中需要参与交易认证的节点数量少得多，其可扩展性（scalability）大大强于非许可链，并且对于数据访问权限也可以进行相应的限制，可以更有效地实现隐私保护的功能。

（2）许可链更适合资本市场

虽然许可链和非许可链平台的开发目前呈现"两翼齐飞"的态势，但从目前资本市场交易结算业务应用区块链研究和开发的

---

① 比特币矿工制造区块获得的奖励逐步递减，因此矿工为了自身利益必然越来越多地按照手续费的多少选择将哪些交易打包进入区块。

② 有观点认为，相比任何人都可以参与记账的公有链，私有链的算力更容易受到控制，从而导致所谓 51% 攻击更加简单、安全性大打折扣。参见 Nikolai Hampton，"Understanding the blockchain hype: Why much of it is nothing more than snake oil and spin"，Computerworld, http://www.computerworld.com.au/article/606253/understanding-blockchain-hype-why-much-it-nothing-more-than-snake-oil-spin/。

情况来看，前文所述发达市场各项主要实践探索基本都基于许可链建设，而主要市场监管机构和学术研究结论都对许可链青眼有加[①]。我们认为，这主要是由以下三方面因素决定的。

第一，也是最基本的一点，资本市场没有应用非许可链的必要性。比特币的定位首先是一种反审查的支付手段，而中本聪要解决的最重要问题便是如何在规避法定监管（这同时意味着无法得到法律保护）的前提下，让用户可以匿名、安全地转移价值。现在看来，将全部信任交给算法的非许可区块链确实很好地实现了中本聪的初衷。但资本市场作为长期以来受到强监管的市场，市场参与者之间实质上是存在信任关系的，证券交易的处理几乎不存在与比特币相同的规避监管、去信任需求，因此在业务逻辑上也不存在完全去中心化的必要性。SWIFT 的有关研究认为，实践中的资本交易结算处理即便应用了区块链，也无法完全消除基础设施等中心化第三方机构的存在必要性，最多仅会使此类机构的职能缩减至身份确认、公证、执法等少数几个领域[②]。

第二，从实际业务运行的角度来看，许可链更适合资本市场交易结算业务的需求。许可链通过中心化第三方机构进行身份认

① 美联储研究报告指出，"金融业侧重开发许可系统，因为此类系统有助于控制多项重要功能"；ESMA 在研究报告中明确提出，"金融市场使用的分布式账本系统很可能是仅允许授权参与者参与的许可系统"；SWIFT 研究院的研究报告提出论断，"用于证券交易结算的共享分布式账本将会使用'许可式'账本"。Davdi Mills et.al (2016),*Distributed ledgertechnology in payments, clearing, and settlement,* Federal Reserve System,Finance and Economics DiscussionSeries 2016-095; ESMA (2016), *The Distributed Ledger Technology Applied to Securities Markets*, Discussion Paper; Michael Mainelli, Alistair Milne (2016), *The Impact and Potential of Blockchain on the Securities Transaction Lifecycle*, SWIFT Institute Working Paper No. 2015-007。
② Michael Mainelli, Alistair Milne (2016), *The Impact and Potential of Blockchain on the Securities Transaction Lifecycle*, SWIFT Institute Working Paper No. 2015-007。

证的方式解决了女巫攻击风险的问题，业务逻辑上几乎无缝对接全球资本市场的现行做法。许可链远高于非许可链的可扩展性以及数据访问保护功能，可以有效地满足证券登记结算的处理能力需求，并保护敏感交易数据的隐私性，从而在对现有业务逻辑和业务流程进行最小变动的情况下，保证业务顺利开展。

第三，许可链更符合监管要求。监管机构是资本市场中无法回避的一个重要因素，其态度和倾向往往有能力决定市场发展的方向和进程。2008 年全球金融危机之后，在全球经济面临极大不确定性的情况下，加强监管是全球资本市场总体的发展趋势。目前很多许可链项都预留了监管者节点，它有权限查看系统中全部交易数据，从而帮助监管机构在分布式的网络中落实用户准入、参与者认证、防范市场风险和违法犯罪等方面的监管要求，因此也更容易获得监管层的认可和支持。

但是，使用许可链是否会失去区块链本来意义，变成"换汤不换药"的文字游戏？并非如此。瑞典隆德大学的 Eric Wall 和 Gustaf Malm 认为，一个系统的网络效应强弱与其是否设置准入许可没有直接的联系。例如，我们最为熟悉的互联网（Internet）本质上也是一个许可式网络，由前文提到的 ICANN 统一向访问者分配 IP 地址；只不过 ICANN 作为一家美国的私人企业，采取了分布式、非营利的治理架构。对此，二人认为，"只要足够开放、自由，许可式网络也可以实现全球性的网络效应"[1]。SWIFT 也认为，区块链技术在资本市场的运用可以采取"内部中心化，外部分布式"的架构。

---

[1] Eric Wall, Gustaf Malm (2016), *Using Blockchain Technology and Smart Contracts to Create a Distributed Securities Depository*。

2. 资本市场区块链网络的范围

现在看来，比特币的区块链相当"单纯"：一条仅搭载比特币一种资产的公有链，通过互联网服务全球的所有用户。相比之下，资本市场的情况复杂得多：资产品种众多，每个资产品种的交易属性不同，但都要涉及证券资产与货币资产的兑换，而且并不存在全球统一的资本市场。在这种情况下，区块链网络的范围就成为资本市场区块链设计的重要问题：资本市场区块链网络应该覆盖多大的市场，应该涵盖哪些业务环节？每条链上应该只搭载一种资产，还是应该多种资产共享一条链？证券交易结算"货银对付"的金科玉律，应该如何在区块链上实现？多种设计的可能性就像一个错综复杂的迷宫，不同的思路也会带来不同的结果。

（1）碎片化：终结抑或延续？

所谓的"碎片化"，我们可以简单理解为由于多个同类服务提供者或者多个相互不连通环节的存在导致本来可以整合统一的市场或者业务流程变得四分五裂、效率低下。碎片化的现象在资本市场中几乎随处可见：在全球范围，各国家和地区各自建设的交易场所和后台设施无法顺利对接；同一市场内部，不同的中心化基础设施各自维护自己的账本（silo ledger），机构之间的数据难以顺畅互通；同一个机构内部，整个业务链条上的交易、登记、托管、结算等关系密切的各个环节也没能通过一套账本系统完成，需要相互对接才能完成证券交易。

欧洲中央银行的工作论文从微观的交易结算业务流程整合的

角度对区块链解决"碎片化"的能力进行了探讨 [1]。论文认为，在资本市场应用区块链的情况下，如果交易环节和登记结算环节依然保持相互独立，那么区块链技术的收益可能仅限于结算业务中的净额轧差和风险管理；而如果将一套区块链账本同时应用于交易环节和登记结算环节，那么交易指令和交收指令将会合二为一，原有存在于前台和后台之间的"指令配对"等一些现有业务可能将会消失。在此基础上，论文针对欧洲资本市场区块链系统的发展提出了三种可能的路径：路径一，市场参与者各自建设区块链系统，如此局部业务效率会有提高，但行业格局保持不变；路径二，中央证券存管机构牵头建设覆盖全市场的区块链系统，这可能会导致一些发挥次要作用的业务环节或者机构退出历史舞台；路径三，市场机构、金融科技企业等"颠覆者"主导建设区块链平台，彻底变革市场格局。

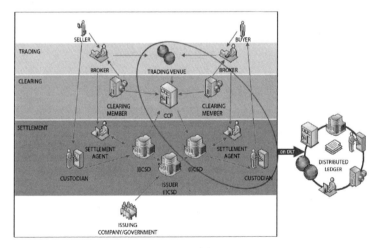

图 5-1　路径一

---

[1]　Andrea Pinna, Wiebe Ruttenberg (2016), *Distributed Ledger Technologies in Securities Post-trading*, European Central Bank Occasional Paper Series。

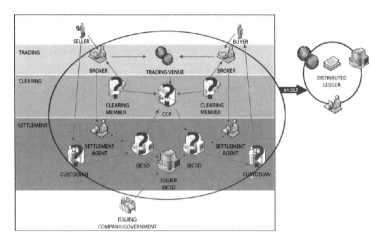

图 5-2　路径二

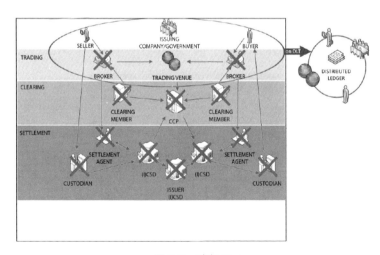

图 5-3　路径三

来源：Andrea Pinna, Wiebe Ruttenberg (2016)

有的读者可能会问：为什么不仿照比特币的模式，建立一个覆盖全球的区块链系统，将交易结算等各个业务环节都整合在一起，将跨境交易变成同一个市场的"内政"，岂不是可以最充分发挥区块链网络效应、实现效率最大化？这或许是未来发展的方向，但以政治边界划分市场边界的做法在未来相当长一段时间内仍然难以破除，资本市场的碎片化注定将以某种形式继续延续下去。

（2）单资产链 vs 多资产链

资本市场产品种类众多、交易方式丰富，不仅存在普通股、优先股、债券、基金、权证等各类证券品种，而且每种证券具有不同的属性和特点。因此，要在资本市场中用好区块链技术，做到资产交易过程简洁、安全、高效，如何建立一个科学的资产转移机制是重要的考虑因素，而这就涉及同一条链上究竟应该放几种资产的问题。

我们可以根据同一条链上搭载资产种类数量的不同，简单将区块链划分为单资产链（single-asset chain）和多资产链（multi-asset chain）。前者类似于比特币模式，链上只有一种资产（例如链上只有股票现货），该种资产与其他种类资产的交易兑付需要通过不同区块链系统之间协调交互形成的账本生态系统（ledger ecosystem）完成。后者则好比一锅美味的什锦炒饭，各类资产（无论期货还是现货、股票还是债券、基础资产还是衍生品）都齐聚一链。

Eric Wall 和 Gustaf Malm 对单资产链和多资产链各自的利弊进

行了分析①。他们认为，多资产链虽然设计简单，并且可以便捷地完成货银对付，但它的劣势同样明显。

第一，账本机制设计的灵活性较差。根据区块链账本的设计原理，一个账本上的多类资产的交易必须遵循同一种共识机制，内部资产交易的耦合性较强。但资本市场中不同种类资产的业务处理流程实际上是千差万别的，尤其是如果考虑到分红派息、投票、证券性质变动、自动行权等公司行为时，如果要将多类"性格迥异"的资产强行放在一起，那么区块链系统的设计势必变得极其复杂，甚至难以有效实现。

第二，在金融全球化的背景下，即便是多资产链同样面临账本交互的问题。多资产链最大的吸引力之一便是可以避免账本之间的交互连通，但是在各国家和地区市场"各自为战"的情况短期难以改变、资本市场"全球账本"遥遥无期的情况下，多资产链仍然难以避免地会需要账本交互。这样一来，建立多资产链的性价比就会大大降低。

第三，多资产链可能加剧账本提供商的无谓竞争。毕竟金融资产是一种稀缺资源，多资产链实际上造成了金融资产的聚积，在这种情况下账本提供商将为争夺金融资产展开更加激烈的竞争。此外，在市场上多资产链和单资产链共存的情况下，多资产链的提供商可能难以抵挡来自单资产链提供商的冲击，因为后者的共识机制更为灵活。

当然，在现有技术条件下，单资产链同样存在不足，例如投

① Eric Wall, Gustaf Malm (2016), *Using Blockchain Technology and Smart Contracts to Create a Distributed Securities Depository*。

资者可能需要在多个账本上开立账户、账本之间交互直通处理效率稍逊等①，但是这些问题并不足以致命，单资产链的整体性能仍然显著优于多资产链条，在实践中具有更强的可行性。

（3）资产交收的实现方式

资金与证券等资产之间的交换是证券交易的核心。现有证券结算处理中，资金与证券同时交付的"货银对付"是国际通用的实践做法。如何实现区块链环境下证券与资金的货银对付？如何安全有效地确保结算的效力？这就自然而然涉及资金交收的问题。

欧洲清算基于传统资产和数字资产两种形式，总结出四种交收模式②：一是链上的数字货币与链上的数字证券交换（资金与证券同时链上交收）；二是链上的数字货币与链下的电子化证券交换（资金链上交收、证券链下交收）；三是链下的电子法币与链上的数字证券交换（资金链下交收、证券链上交收）；四是链下的电子法币与链下的电子证券交换（资金与证券同时链下交收）。其中，除了第四种基本完全排除了区块链的使用之外，其他三种均各有利弊。

将资金搬上区块链是一个自然而然的解决方案。毕竟参照比特币的先例我们不难看出，在"区块链时代"，货币也可以变成一种链上的资产。美联储理事 Lael Brainard 认为，代币化的数字

---

① 目前 W3C Interledger Community Group 正在推进名为"ILP"（Interledge Protocol）的标准化协议项目，旨在促进多账本之间的跨链交易效率。类似于互联网的 TCP/IP 协议，ILP 是一种在区块链账本之间运行的协议。利用 ILP 协议，A 和 B 可以在避免在对方账本上开立账户的情况下，通过一个中间件（Connector）进行交易。

② Euroclear (2015), *ESMA call for evidence "Investment using virtual currency or distributed ledger technology": Euroclear SA/NV feedback*.

资产可以有效促进交易流程 ①。日本交易所集团（JPX）进行的概
念验证试验就采取了代币结算模式 ②：利用链上代币的划转记录
资金交收，同时将区块链账本与链外电子支付系统连接，由链
外支付系统按照区块链账本上的代币划转记录完成实际资金交
收。此外，JPX 还提出了另外两种可能的资金交收形式：第一
种方案是由参与交易的金融机构事先在资金托管行账户中存入资
金换取链上代币用于结算，这种方案不需要链上与链下系统连接，
效率较高，但可能带来代币管理的问题；第二种方案是利用比特币
等链上虚拟货币进行交收，这套方案虽然技术可行，但由于投资者
信任以及虚拟货币体量太小等限制，实际操作起来难度较大。

现在看来，证券交易资金交收的最终解决方案或许有赖于链
上法币的发行。中央银行是一国金融体系中的中立机构，以其名
义发行数字货币，不仅复核现行的法律要求，更容易获得人们的
信任。英格兰银行已经开始探索在区块链网络中发行中央银行背
书的数字货币。这种以英格兰央行名义发行的具有加密性质的非
信任性货币名为 CBDC（Central Bank Digital Currency），目前已
经在多资产链和单资产链中完成了证券资金交收的验证。对于电子
法币应该使用许可链还是非许可链的问题，有研究指出 ③，公开性
的非许可链全网验证成本极高，因此建议使用限制性的许可链模式。

① Lael Brainard (2016), *The Use of Distributed Ledger Technologies in Payment, Clearing, and Settlement*。
② Atsushi Santo et.al (2016), *Applicability of Distributed Ledger Technology to Capital Market Infrastructure*, JPX Working Paper Vol.15。
③ John Barrdear, Michael Kumhof (2016), *The Macroeconomics of Central Bank Issued Digital Currencies*, Bank of England Staff Working Paper No. 605。

3. 技术治理：区块链应用的标准化

虽然分布式、去中心是区块链的显著特征，但这并不等同于区块链的应用注定散乱无章。实际上，无论对于区块链还是资本市场交易结算处理业务来说，能否最大程度地发挥"网络效应"都是影响业务效率的关键因素，对于这项新兴技术实施有效治理（governance），有助于形成"车同轨、书同文"的统一标准，有助于各方的利益最大化，各自"闭门造车"反而会带来低效和混乱。

作为一项新兴技术，区块链几乎完全游离于目前金融信息行业的诸多标准[①]之外，这直接导致区块链网络脱离现行市场实践[②]。目前，区块链技术距离拥有统一的资本市场应用标准还很远，包括准入协议、交易数据格式、智能合约在内的多个方面均没有统一的技术规范。

可喜的是，无论是监管机构、既有市场基础设施，还是市场机构，近年来都已经充分意识到了区块链技术采取共同标准和协议的重要性，推动区块链应用标准化已经成为共识。但问题是，与其他秩序尚未固化的新兴领域一样，新玩家不断入场，新的解决方案层出不穷，标准制定缺少协调和正确的引导。目前全球存在数十个大大小小的区块链联盟，同时也有很多金融机构或财团投资区块链技术公司，甚至直接招募服务于自身业务的技术团队，

---

① 主要标准制定和发布机构包括国际标准化组织（International Organization for Standardization, ISO）、国际掉期与衍生品协会（International Swaps and Derivatives Association，ISDA）、金融信息交换协议（FIX Protocol Ltd，FPL）等。
② SWIFT, Accenture (2016), *SWIFT on Distributed Ledger Technologies: Delivering an Industry-standard Platform through Community Collaboration*, SWIFT Position Paper。

展开了定标准、造平台的激烈竞争。正如欧洲中央银行报告所说，"现在很多机构都投资了区块链技术公司，然而这些投资所研发出来的技术成果却具有较强的排他性，这些大小各异的区块链网络可能改变了局部的小世界，但是并没有携起手来创造一个全新的大世界"①。

诚然，标准应基于竞争中产生的最佳实践，而群雄并起有利于大浪淘沙、去伪存真，但如果完全的市场选择最终造成不同区块链系统间的割裂，将严重影响市场整体性，带来多种标准的并存，那么相当于没有标准。我们认为，政府和监管部门应联合现有资本市场基础设施机构，共同主导和推动资本市场区块链的标准化。

（1）应由政府或受权监管当局协作推动

资本市场受到高度的监管，区块链技术大规模应用的前提应当是合法性、金融稳定性、市场公平性、投资者合法权益被严格保护。任何在资本市场中实施的业务及技术标准，必须要符合监管部门的政策目标，否则制定出的行业标准未免不会被特定利益群体所利用、所扭曲。此外，区块链是个全球性的技术，它在资本市场的应用标准不仅需要符合本司法辖区的应用要求，还要兼顾跨境互联的发展趋势，这些是各国政府及 IOSCO、FSB 等国际监管当局层面需要共同确定的重大问题，任何非政府机构都难以自主推动。因此，资本市场中的区块链应当由政府或相关监管部门自上而下地统筹实施。

（2）应由资本市场既有基础设施主导实施，具体可分为两个层面

一是业务层面依托金融基础设施。总的来看，以技术工程师

---

① Andrea Pinna, Wiebe Ruttenberg (2016), *Distributed Ledger Technologies in Securities Post-trading*, European Central Bank Occasional Paper Series。

为主体的区块链技术公司，相对缺乏金融系统、货币政策、经济
运行等方面的专业背景。不同于单纯的虚拟货币网络设计，将区
块链技术运用于资本市场，必须基于对经济金融运行的深入理解
基础上，因为技术的设计都会牵扯到宏观政治经济政策的实施。
区块链在资本市场应用的业务设计由欧洲清算、DTCC 等既有金融
基础设施机构牵头主导更为合理。

二是技术层面依托既有金融通信机构。SWIFT 等传统金融通
信公司在全球资本市场拥有数十年的实践经验，不仅更理解金融
运行逻辑和资本市场的需要，更熟知现行中心化机构的技术系统，
其对于如何采用分布式的区块链网络的把握和判断应该更为可靠。当
然，考虑到金融科技初创企业在区块链方面的专业优势，在由既有金
融通信机构主导技术标准制定的过程中，行业合作是十分必要的。

4. 理解智能合约的不确定性

在前文中，我们对智能合约的概念和优势进行了简要的介绍。
从目前市场实践和学术研究的成果来看，资本市场应用区块链技
术，智能合约将是不可或缺的必要一环。对于这项既可"杀敌
一千"亦可"自损八百"的新技术，我们必须对它的潜在问题做
到心中有数。

（1）业务逻辑问题

智能合约技术被用在发行人和投资者之间分红派息场景时可
能面临两难选择：一方面，为保证证券发行人通过发行股票、债
券所募集到的投资款项切实发挥支持企业发展的目的，智能合约

技术不应对发行人的融资款进行锁定；另一方面，在没有一个第三方机构对证券发行人履行分红派息义务进行监督的情况下，不对发行人相关资金进行锁定又是非常危险的。

（2）法律确定性问题

虽然比特币信仰者声称智能合约的代码将会上升为法律层面，但是从目前来讲，智能合约在法律上没有先例。智能合约的代码和执行结果很难在法庭上站得住脚。SWIFT 认为，智能合约的执行结果应当可逆，以确保司法执行能够有力实施。参与 WEF-AMCC 调查的金融基础设施也普遍表示对于智能合约法律确定性的忧虑，并提出法律法规需要明确在何种情形下，智能合约所自动执行的结果是可以逆转的。

（3）执行结果应更加可控

虽然智能合约使用方便，但如果智能合约的代码被误写为循环程序（Loop），可能产生极其严重的后果[1]。目前，以太坊等区块链技术公司正在研究解决这个问题，考虑通过根据交易额大小和时长大小向客户收取不同的费用，但是这远非一个完美的解决方案。对此，现有金融基础设施机构认为在短期内，"笨拙的短合约"（dumb short contract）比"智能的长合约"（smart long contract）更可靠。

（4）规模化应用受限

有英国研究者对于智能合约技术的规模化应用提出了担忧，"如果智能合约被广泛推广使用，那么承担交易验证角色的网络

---

[1] Dylan Bargar (2016), *The Economics of the Blockchain: A Study of its engineering and transaction services marketplace*。

节点将面临沉重的工作负担，不仅要验证每笔智能合约所指代的
内容，而且还要对它的执行环节作出验证。"①

　　常言道，罗马不是一天建成的。资本市场也是如此，从最初
街头的两两交易，逐渐形成集中撮合买卖双方的证券交易所，再
到建立中心化的交易结算设施提供高效、低成本的处理服务，经
过长时间的摸索和妥协才形成今天的面貌。成果不言而喻，但弯
路也走了不少。

　　区块链为我们打开了一扇窗子，让我们得以窥见资本市场的
未来。从许可链与非许可链之间的纠结到链上资产转移的机制，
从区块链系统的标准协调到智能合约的合理应用，这些或大或小
的问题将直接影响区块链应用的成败乃至未来市场的形态，而站
在这个或许标志着时代更替的历史时点的我们，又该何去何从？
以史为师、静待新秩序在试错与反复之后降临，抑或是以史为鉴、
从顶层规划着手因势利导地引领新业态的发展壮大？

　　区块链要想成功，必须处理好"中心化"旧秩序与"去中心化"
新秩序的关系、把握好理论能用与现实可用的平衡。这是无论选
择哪条路径，都绕不开的重要课题。

---

① Gareth Peters, Efstathios Panayi (2015), *Understanding Modern Banking Ledgers through Blockchain Technologies: Future of Transaction Processing and Smart Contracts on the Internet of Money*。

第6章

中国机遇：走稳我国资本市场基础设施的变革之路

新一轮技术革命中诞生的区块链，发展于全球经济金融秩序大调整、大变革、大提速的特殊历史时期，同时又恰逢中国特色社会主义进入新时代，全面建设社会主义现代化强国的起点。服务实体经济、深化金融改革、防控金融风险是党中央、国务院对新时代金融工作的总部署，要着力构建融资功能完备、基础制度扎实、市场监管有效、投资者合法权益得到有效保护的多层次资本市场。以区块链、大数据、人工智能、云计算等为代表的信息技术在资本市场现代化建设中拥有广泛的应用前景。特别是在交易结算基础设施监管和运营领域，区块链技术为我们描绘了一幅交易智能化、后台处理简约化、监管科技化的新蓝图，实现效率和安全的双提升。当然，在现阶段，理想与现实仍存在很大差距。时势造英雄，我国要抢占金融科技变革的先机，坚定道路自信，保持战略定力，在守住风险底线前提下，充分发挥科技创新和资本市场制度的"后发优势"，以足金的标准打造资本市场应用区块链技术的中国样板、中国质量、中国标准，助力金融体系现代化建设。

6.1　区块链在我国资本市场的发展环境

1. 政策环境

（1）国家政策法规

党的十八大以来，资本市场在推动我国经济转型升级、促进新旧功能转换方面起到了至关重要的作用。同时，2015 年发生的股市异常波动也给市场敲响了警钟，要时刻绷紧防控重大金融风险的弦。2017 年 7 月召开的全国金融工作会议明确提出：金融安全是国家安全的重要组成部分，金融要回归本源，着力做好"服务实体经济、防控金融风险、深化金融改革"三项任务，打造融资功能完备、基础制度扎实、市场监管有效、投资者合法权益得到有效保护的多层次资本市场。2017 年 10 月，党的十九大作出了中国特色社会主义进入新时代及社会主要矛盾发生转化的重要论断，提出了高质量发展的要求，着力提高直接融资比重，扩大对外开放，促进多层次资本市场健康发展，打好防范化解重大金融风险攻坚战。

可以看到，区块链诞生我国金融事业蓬勃发展的重要历史阶段。虽然区块链技术目前还没有在任何一部法律中确认，但国家对信息科技发展高度重视，在推动区块链发展方面已经出台了相关政策。国务院印发的《"十三五"国家信息化规划》明确提出，"信息技术创新代际周期大幅缩短，创新活力、集聚效应和应用潜能裂变式释放，更快速度、更广范围、更深程度地引发新一轮科技革命和产业变革。物联网、云计算、大数据、人工智能、机器深度学习、区块链、生物基因工程等新技术驱动网络空间从人人互联向万物互联演进，数字化、网络化、智能化服务将无处不在。""加强量子通信、未来网络、类脑计算、人工智能、全息显示、虚拟现实、大数据认知分析、新型非易失性存储、无人驾驶交通工具、区块链、基因编辑等新技术基础研发和前沿布局，构筑新赛场先发主导优势。"与此同时，国家工信部等部委以及北京、上海、广州、重庆、浙江、江苏、山东等地方政府也将发展大数据、人工智能、云计算、区块链等技术纳入现代金融体系建设有关发展规划中。

（2）金融监管机构的态度

对于发展区块链技术，目前金融监管机构的态度整体上是乐观的，区块链的积极意义受到监管机构的普遍认可。2016年2月，原人民银行行长周小川在谈及数字货币领域相关问题时认为，区块链技术是一项可选技术，人民银行已部署了重要力量进行研究探索。2016年9月，人民银行副行长范一飞也提出，应加强对区块链等新兴技术的持续关注。2016年11月，人民银行公开招聘法定数字货币研究人员。2017年1月29日，人民银行数字货币研究所正式成立。2018年初，人民银行金融研究所所长孙国峰表示，区块链将是未来监管科技中的重要技术。2018 年 3 月，全国政协委员、证监会信息中心主任张野表示，区块链有非常突出的特点，无论是技术理念还是技术手段都值得高度关注。

但与此同时，监管机构对于金融科技的风险防控又是毫不手软。一是全面叫停各类代币发行融资（ICO）活动。2017 年 9 月 4 日央行七部委联合发布《关于防范代币发行融资风险的公告》，一是将 ICO 界定为一种未经批准非法公开融资的行为，涉嫌非法发售代币票券、非法发行证券以及非法集资、金融诈骗、传销等违法犯罪活动；二是警惕区块链技术的不确定性和潜在风险。2016 年 2 月，原人民银行行长周小川表示，区块链技术还应对不了现在的交易规模。2017 年 12 月，证监会副主席姜洋公开指出，区块链数据共享可能引发敏感数据泄露，甚至危及国家金融安全。2018 年 3 月，证监会信息中心主任张野对区块链的绝对去中心化表示质疑，并认为业界目前还没找到比较适合应用区块链的场景。

2. 市场环境

2015 年被称为我国区块链发展的"元年"。虽然我国区块链发展时间较短，但行业势头迅猛。从特点来看，地理分布较为集中，以北上广深杭为主，投融资活跃，专利数量增长较快[①]。一是地理分布集中。我国区块链（含数字货币）技术公司约 360 家，北上广深杭占绝大比重，其中北京 148 家，上海 78 家，广东及深圳 60 家，浙江 34 家，全国其他地区约 40 家。二是应用领域以金融服务为主。

---

① 中国区块链基础服务联盟《2018 年中国区块链行业应用报告》。

专注于金融服务的区块链企业占比超过 80%，包括数字货币交易、支付、供应链金融等。三是融资规模快速增长。行业整体融资规模，2017 年是 2016 年的 2 倍，2018 年第一季度已接近 2017 年全年的一半。四是专利数量世界居首。2015 年后，我国区块链专利增长 200%，从数量上目前中国排名世界第一。

从微观层面看，区块链企业普遍采取"合纵连横"的发展策略。所谓"合纵"，就是本土机构积极加入国际区块链联盟。中国平安保险集团、招商银行先后于 2016 年 5 月和 9 月加入 R3 CEV 联盟。截至 2018 年 6 月，超级账本联盟的成员已接近 250 家，其中不乏中信、招商银行、民生银行、百度、腾讯、华为、小米、北京大学、浙江大学等国内金融机构、科技公司和高等院校[①]。而"连横"，则是我国本土机构联合组建民间区块链联盟。我国目前有两个具有较高影响力的区块链技术联盟，分别是中国分布式总账基础协议联盟（简称 Chinaledger）和金融区块链合作联盟（简称金链盟）。Chinaledger 成立于 2016 年 4 月 19 日，由万向区块链实验室、中证机构间报价系统股份有限公司等 11 家机构共同发起设立，致力于开发出符合中国政策法规、国家标准、业务逻辑和使用习惯的底层区块链基础设施。金链盟成立于 2016 年 5 月 31 日，发起成员共 25 个，以证券公司、基金公司、地方性股权交易中心、互联网金融公司等为主，联盟旨在整合及协调金融区块链技术研究资源，探索、研发、实现适用于金融机构的金融联盟区块链，以及

---

① 《超级账本成员总数已突破 100 个，中国企业占四分之一》，2016 年 12 月 2 日，http://mt.sohu.com/20161202/n474774310.shtml。

在此基础之上的应用场景[①]。目前，国内大大小小的区块链组织已达到几十个。

6.2　我国资本市场发展区块链技术的需求分析

1. 我国资本市场监管及运营概况

从监管架构来看，经过近 30 年的改革发展，我国金融市场已从过去的"一行三会"的监管运营体制调整为"一委一行两会"体制。其中，"一委"指的是国务院金融稳定发展委员会，定位于统筹协调金融稳定和改革发展重大问题的议事协调机构；"一行"指的是中国人民银行，我国银行间市场的主要金融基础设施依法受其监管，包括外汇交易中心暨全国银行同业拆借中心、中央债券登记结算公司、上海清算所；"两会"是指中国银行保险监督管理委员会和中国证券监督管理委员，前者对银行业和保险业实施监管，后者对证券期货业进行监管。证券期货业的交易结算基础设施依法受中国证监会集中统一监管，包括沪、深证券交易所，全国中小企业股份转让系统（俗称"新三板"），中国证券登记结算公司，四家期货交易所。此外，区域性股权交易市场（俗称"四

---

① 根据公开资料整理。

板市场"）的运营机构受中国证监会和省级人民政府监管。狭义上，我国资本市场仅指证券期货市场，而在广义上，还包含了银行间市场和银行保险业市场。

从交易结算基础设施的架构来看，大致分为三类：第一类是交易设施，处理前台交易，包括组织上海、深圳场内交易的沪深交易所，组织新三板股票交易的全国股转系统，以及为银行间货币市场、债券市场、外汇市场提供交易服务的外汇交易中心。第二类是登记结算机构，主要负责交易后的登记、存管、清算、交收等业务环节，主要包括中国证券登记结算公司、中央债券登记结算公司、上海清算所、银行业理财登记托管中心、中国信托登记公司、中国保险信息技术管理公司等。需要指出的是，我国的期货交易活动前后台未分离，期货交易所同时承担交易和结算的职能。第三类主要是指为市场提供后台服务的市场经营机构，比如作为托管人的证券公司和商业银行等，主要为公募基金、私募基金、信托和资管计划、理财产品等大资管产品提供服务。

从政策取向来看，近年来，我国大力推进金融基础设施的统筹建设、运营、监管。党的十八届三中全会通过的《中共中央关于全面深化改革若干重大问题的决定》提出"加强金融基础设施建设，保障金融市场安全高效运行和整体稳定"。国务院在2014年发布《关于进一步促进资本市场健康发展的若干意见》（又称"新国九条"），要求"完善市场基础设施。加强登记、结算、托管等公共基础设施建设。实现资本市场监管数据信息共享。推进资本市场信息系统建设，提高防范网络攻击、应对重大灾难与技术故障的能力"。党的十八届五中全会通过的国家"十三五"规划纲要建议明确指出"建立安全高效的金融基础设施，有效运用和发展金融风险管理工具，防止发生系统性、区域性金融风险"。十二届人大四次会议通过的"十三五规划纲要"提出"统筹监管系统重要性金融机构、金融控股公司和重要金融基础设施，统筹金融业综合统计，强化综合监管和功能监管"。2017 年 4 月，中共中央政治局第四十次集体学习会议将统筹监管重要金融基础设施相关内容列入维护国家金融安全的六大任务。2017 年 7 月，全国金融工作会议要求"加强金融基础设施的统筹监管和互联互通，推进金融业综合统计和监管信息共享"。

2. 交易结算体制的特点

我国作为全球重要的新兴市场之一，资本市场的建设运营和监督管理体制充分借鉴和吸取了境外市场的经验与教训，同时也具有我国的独特性。

（1）集中统一的运营体制

相比于境外资本市场交易结算业务的分散化、竞争化市场结构，我国资本市场采取集中统一的管理运营体制。以证券市场为例，2014 年修正的《证券法》规定，"证券登记结算机构是为证券交易提供集中登记、存管与结算服务，不以营利为目的的法人"，"证券登记结算采取全国集中统一的运营方式"。

在我国股票市场形成的初期，证券公司普遍承担了代客买卖股票、自营买卖股票以及相应的证券结算业务。在上海、深圳交易所集中交易机制正式确立后，深圳、上海市场分别与 1991 年和

1993 年成立了深圳证券登记公司和上海证券中央登记结算公司，作为专业机构为深、沪交易所提供专业的交易后登记结算服务。2001 年 3 月，经国务院同意和证监会批准，中国结算公司成立，原沪、深两个登记结算公司则改制为中国结算的上海、深圳分公司，从 2001 年 10 月起，中国结算承接了沪、深交易所全部登记结算业务。2013 年底，中国结算开始为全国中小企业股份转让系统市场提供证券的登记结算服务。目前，我国资本市场采取了统一的后台处理方式，为在场内市场上市、挂牌证券的投资者和发行人提供证券账户管理、集中登记存管、集中清算交收等服务。

（2）全面实行交易结算的无纸化

前文，我们介绍过美国的"纸面作业危机"如何催生了现代资本市场的集中存管体制。实际上，我国资本市场在历史上也曾短暂地经历过类似的"危机"：20 世纪 80 年代中后期，我国证券初期发行的证券均是纸面的实物证券。投资者买卖股票都需要在其证券经纪商处办理实物股票的交收，长则需要半个月的时间，这种手工作业的证券交收方式很快就表现出过户环节多、效率低、差错率高等弊端，导致了交收效率与日益增长的交易需求之间的矛盾。

1990 年起，上海证券交易所在成立后开始着手推行证券的非移动化和无纸化，最终在 1993 年全面实现，股票采取电子簿记的方式，投资者参与资本市场各项业务均需依托证券账户。在证券全面非移动化和无纸化后，证券过户从传统的纸面转让变为通过电子账户完成。《证券法》（2014 年修正）对此进行了明确，要求"证券持有人持有的证券，在上市交易时，应当全部存管在证券登记结算机构"。目前，我国是世界上最先全面完成证券无纸化的国家之一，相比于欧美等存在纸质证券的市场，我国在促进交易结算业务一体化、增强持股透明度、降低市场成本、降低市场风险方面，很大程度上代表了全球证券交易结算体系的发展趋势。

（3）账户看穿

我国资本市场对账户开立和使用环节的穿透性作出了十分严格的规定。一方面是证券开立及使用环节的实名制，保证证券交易的真实性和准确性。《证券法》（2014 年修正）和《证券登记结算管理办法》规定了投资者参与资本市场交易必须持有中国公民身份或者中国法人资格的合法证件开立证券账户。

另一方面是直接持有制度。在美国、英国、德国、中国香港等以间接持有为主的资本市场，投资者的真实身份可能会被层层的名义持有人掩盖。而我国《证券法》（2014 年修正）规定，"证券登记结算机构应当按照规定以投资者本人的名义为投资者开立证券账户"。也就是说，我国证券持有人的名字会直接登记在发行人的持有人名册上，交易变动记录能被清晰地监测、监控。我国自资本市场建立之初就采取直接持有为主的证券持有体系，有效兼顾了业务效率和风险防范，提升市场透明度，助力监管部门对于资本市场投资行为的监控，最大限度地保护了投资者的合法权益。

（4）结算的高效与安全

提升结算过程的效率和安全性是全球资本市场发展的内在要求。具体而言，一是缩短交收周期，加快结算速度。长期以来，美国资本市场的结算周期为 T+5 日，目前已过渡到了 T+3。近年，欧洲央行也利用 T2S 系统推动资本市场的交收期从 T+3 缩短到了

T+2。我国资本市场采取更快的 T+1 日交收模式，优于国际通行标准，市场的流动性成本更小。二是降低交收违约风险。我国已实现国际通行的"货银对付"（DvP）结算模式，通过包括交易前端控制、全额保证金、交易资金第三方存管等配套制度，极大程度上消除了本金和信用风险，有力保障了交收的顺利完成，防范系统性风险。三是先进的结算手段。我国资本市场采取以中央对手方模式为主的分级结算体系。目前，我国沪深交易所 A 股约 90% 场内交易以及全部期货衍生品均采取国际公认的 CCP 结算，通过对交收头寸进行净额轧差和担保，极大地降低了市场参与人的风险敞口，显著降低了整个市场的流动性风险，同时提升了市场资金的使用效率。

3. 需求分析和应用场景

（1）我国交易结算领域存在的不足

①基础设施建设管理碎片化

长期以来，我国资本市场交易结算基础设施的建设和管理主要按照行政职能划分。比如，银行间市场主要由人民银行监管，证券期货市场由证监会监管，地方性交易场所主要由省级人民政府监管，互联网新型基础设施由网信部门联合相关金融监管部门监管。这种分散式的建设管理，在运营架构上造成了相互分割的局面，在金融活动逐渐相互交叉、渗透，边界日益模糊的情况下，对于金融市场的发展是不利的。

一是市场监管面临挑战。比如，2015 年的股市异常波动，一个重要的原因就是监管部门未能及时全面掌握不同市场的数据，以致对于风险形势未能准确研判，风险苗头未被及时遏制。特别是在今天，金融科技不断改变着金融业态和市场格局，风险比以前更加隐蔽，更具跨市场、跨境的特点，监管的压力将会与日俱增。如今，债券市场是风险防控的重中之重，而我国交易所债券市场与银行间债券市场的互联互通程度严重不足，很大程度上影响监管部门全面掌握行业风险。部分场外资管产品仍未实现无纸化，未形成有效的监管数据。再如，近几年，我国地方性交易市场和互联网新型基础设施发展迅速，在满足中小微投融资需求的同时，长期处于自由生长的散乱状态，直接结果就是金融乱象频发，最明显的例子就是打着股权众筹、ICO 的旗号进行非法证券发行活动，严重侵害投资者合法权益。

二是互联互通难以实现。基础设施分割运营的另一个后果就是互联互通存在障碍。各家基础设施的业务标准和技术规范不一致，语境不同，影响了相互业务连接。相关数据在机构间、行业间及监管部门间未形成有效使用和共享，各参与方未解决信息不对称所产生的风险，各类服务提供方的协作效率有待提升。比如，一个投资者同时在几家网点购买了基金，但由于相互之间不能通柜办理，投资者将面临较高"鞋底成本"；或者是发行人公司在不同基础设施之间进行转板时（例如从地方性股权交易场所转到新三板市场）程序复杂，不能一站式办理；比如投资者在募集环节和投后获取的信息不全面，或是与托管人和监管部门获取的信息不对称。

为提升市场的透明度、提高监管的有效性，全球金融监管机构正在加紧采取措施着力解决日益严重的基础设施碎片化问题。2008 年金融危机后，以美国为代表的成熟市场力推场外交易、登记结算数据集中保管、处理，以提升金融市场运营管理的整体性。2012 年以来，我国也将推进金融基础设施统筹监管，实施金融业综合统计写进多份中央文件，目的就是防范化解系统性金融风险。

②跨境互联的适应性有待加强

近年来，我国资本市场加快了对外开放的步伐，2014 年以来陆续推出的沪港通、香港与内地基金互认、深港通、债券通等内地与境外互联互通机制，拓展了原有的 B 股、QFII/RQFII 等有限的利用外资渠道，大大提升了我国资本市场的国际化程度。但同时，随着全球金融一体化及我国资本市场对外开放进程不断推进，我国目前的互联互通机制具有一定的局限性，需要在改革发展中进一步完善。

一是业务逻辑的差异。比如，我国资本市场 T+1 日交收，而境外市场以 T+2 日、T+3 日为主；我国证券持有模式主要是直接持有，而境外主要是间接持有。这种差异在国际监管和业务合作等方面会产生额外的协调成本。二是技术标准的差异。由于目前我国交易结算基础设施主要服务于境内市场，加之出于技术安全等方面考虑，目前我国资本市场所使用的国际通信标准与境外有所不同，这将可能导致技术上需要更多的沟通。三是现行基础设施互联方式的灵活性不足。当前，我国资本市场对外开放主要是以政府主导的国家战略，从某种程度上来看，目前境内与境外市场交易结算设施的连接是一种基于监管合作框架的"硬连接"，而基于金融基础设施的自主性和可复制性相对有限，可能在未来不利于进一步的金融开放。

③风险控制体系有待进一步完善

资本市场的交易结算基础设施是市场风险控制的大中枢，如果交易结算机制或信息流转和披露存在明显缺陷或不足，将直接导致风险的滋生、蔓延，甚至产生系统性风险。具体体现在以下五个方面，一是交易前端控制机制。2013 年的"8·16"光大证券乌龙指事件反映出我国 A 股市场对于交易资金前端控制的薄弱，未能及时识别、制止错误的程序化大量买入证券，引发股指明显震动。二是看穿式监管。一方面是目前我国账户在使用环节的实名制监管还相对滞后，另一方面是目前，由于资管产品设计复杂，很多产品具有跨市场、嵌套式的特点，使得监管机构无法掌握其背后实际持有人和底层资产的信息，难以监督防范所涉及的潜在风险，风险发生后难以处置和处理。三是货银对付结算（DvP）。根据国际组织的评估结果，我国目前的货银对付结算模式有待优化，理论上存在本金风险和信用风险的可能性。四是债券结算风险。随着近年来刚性兑付打破，加之考虑到未来 2 ～ 3 年将面临债券集中到期兑付，债券市场风险防控有待进一步完善。五是信息披露风险。登记、估值等信息如果不能真实、全面、及时、一致地发送给各相关方，潜在的信息不对称给误导、欺诈等行为提供了空间。

④市场经营机构的运作水平亟待提高

证券公司、托管银行、基金公司等市场经营机构的运作水平直接影响着行业整体的运作效率。一是业务处理效率不足。一方面是私募基金等场外市场机构后台处理的标准化程度远远落后于现实需求，存在大量的手工操作，例如通过发送电子邮件进行信息确认，效率和安全均难以保障。另一方面目前的证券公司、托管银行内部的技术系统碎片化也比较严重，利用几十个系统支撑运营的情况十分常见，这会产生大量的系统"摩擦"，影响运作效率。二是合规问题。近几年，随着监管部门实施依法全面从严监管，加之国海证券"代持"等事件的出现，市场经营机构内部的合规需求不断增加，亟须实现内部控制、合规管理的电子化、自动化。

（2）应用需求：设想及案例

总体上看，我国资本市场在建设、运营和监管的体制机制上具有较强的中国特色和一定的"后发优势"。在区块链技术的应用需求和侧重点上，有的同境外市场存在一定差异。比如，我们采取的是直接持有体系，看穿式监管走在世界的前列，因此我国在提升市场透明度方面的需求并没有欧美国家强烈。再比如，我国的结算周期是 T+1 日，快于境外普遍采用的 T+2 日、T+3 日，因此缩短交收期的优先级可能就会往后放。当然，也有一些需求同境外市场的相同的。例如，我国资本市场经营机构业务处理环节多、结算效率较低，场外市场基础设施分割局面严重，在这些方面同境外市场的需求基本一致。我们基于区块链技术特性从理论上对其解决我国资本市场实际问题提出了场景构想，其中有一些已经付诸实践，另一些还只是理论设想。

①互联互通便利化

互联互通是目前被普遍看好的区块链应用场景。一类是跨境互联。推动基于区块链的跨境发行交易，理论上可以实现技术规范和业务标准的统一，消除跨境交易的时间差异和制度差异，加强全球金融治理，显著提升资本市场跨境互联互通水平。我国可以考虑在目前跨境监管、业务合作基础上，进一步推动交易结算基础设施的技术合作，以跨境发行交易存托凭证、沪伦通等新机制为契机，力争用 5 到 10 年的时间实现跨境资产的上链发行与交易，实现"7×24"小时的全天候结算，更大程度实现金融对外开放。

另一类是境内不同金融基础设施之间的互联互通。一是我国交易所债券市场和银行间债券市场的相互分割，不仅影响了两个市场包括跨市场转托管等业务在内的衔接效率，而且不利于监管机关对于债券市场整体风险的识别和防范。可考虑利用区块链技术对于两个市场现有的后台业务进行改造或替换，通过提升业务互联和数据互通，达到强化市场监管的目的。二是我国区域性股权市场各运营机构之间严重缺乏互联互通，可考虑利用联盟链或许可链纳入各个地方性股权交易中心，增进业务协同，避免信息孤岛。

②监管合规科技化

区块链本身就是个交易数据库。相比通过监管协调等方式二次归集的交易结算基础设施业务数据，区块链上数据是源头数据，更全面、更准确、更独立，既可以被追溯源头，又无法被第三方篡改，市场参与者可以通过区块链对数据进行审计。因此，我国可考虑利用区块链技术推动监管从 2.0 向 2.0T 升级的科技化转型，借助区块链的鉴真功能，重塑市场监管框架。一方面是提升市场监管的智能化、自动化水平，提升对市场风险和违法违规事件识别的及时性和准确性，及早发现、处置风险，同时配合大数据手段加大发行、交易、结算数据挖掘的深度，全面准确掌握发行人股权变动情况，加强董监高管理，切实提升行为监管能力，构建更加完备的资本市场诚信体系。另一方面是加强市场经营机构内部控制和合规管理，同时提升效率降低成本。合规要求的执行、数据的收集、清洗和固化可以前置，简化信息的二次整理、留痕和报送，有效降低行业的运营成本和法律合规风险。将合规流程固化在区块链上，明确各环节人员责任，有力防范内部人员的道德风险。

③金融资产标准化、智能化、普惠化

历史经验证明，金融资产的标准化推动了资本市场发行交易的效率。一方面，我国银行间市场的一些金融资产品种尚未实现标准化。比如，票据资产的参与者众多、业务复杂，市场规模也非常大，结算效率亟待显著提升。另一方面，目前已经实现了无纸化、电子化的证券，其业务运作上的自动化程度还比较滞后，需要大量的人工干预。对此，可考虑利用区块链结合智能合约，探索打造可编写的智能证券，加强证券现货、衍生品、股东行权业务的智能化。

此外，虽然普惠金融是满足小微企业和社会公众对于金融服务需求的重要渠道，但位于整个业务链条后方的信托公司和银行等金融机构对于普惠数据资产的可得性远远低于前端的场景服务机构，并因此对于普惠数据资产的真实性存在疑虑，影响了普惠金融的发展壮大。在这方面，区块链同样可以提供切实可行的解决方案。

案例：数据票据项目 [①]

2018 年 1 月 25 日，上海票据交易所会同央行数字货币研究所等机构开发的数字票据交易平台实验性生产系统成功上线试运行，工商银行、中国银行、浦发银行和杭州银行在数字票据交易平台实验性生产系统顺利完成基于区块链技术的数字票据签发、承兑、贴现和转贴现业务。实验性生产系统的成功上线试运行实现了数字票据的突破性进展，对于票据市场发展具有里程碑意义。数字票据交易平台实验性生产系统结合区块链技术前沿和票据业务实际情况对前期数字票据交易平台原型系统进行了全方位的改造和完善。一是结算方式创新。构建了"链上确认，线下结算"的结算方式，为实现与支付系统的对接做好了准备。二是业务功能完善。根据票据真实业务需求，建立了与票据交易系统一致的业务流程，并使数据统计、系统参数等内容与现行管理规则保持一致。三是系统性能提高。通过采用实用拜占庭容错协议（PBFT），大幅提高了实验性生产系统性能，降低了系统记账损耗。四是安全防护加强。采用 SM2 国密签名算法进行区块链数字签名。五是隐私保护优化。通过采用同态加密、零知识证明等密码学算法设计，构建了可同时实现隐私保护和市场监测的看穿机制。

案例：中航信托普惠金融区块链应用实践

中航信托在普惠金融业务方向布局前沿，较早就全国范围开展了普惠金融业务，基于金融科技打造了具有中航特色的普惠金

---

① 详见上海票据交易所官网。

融体系，使得更便利、更低成本的金融服务可以触达更多的客户群体和消费场景。基于普惠金融业务的风控本质是"数据＋风控模型"的判断，中航信托利用区块链技术建立了普惠金融数据联盟链，有效地实现数据资产的穿透式共享，通过数据对普惠场景的借款主体、信贷资产以及场景服务机构进行增信，也有利于普惠金融资产的交易和流转，实现多方的共赢。信托公司通过开展普惠金融业务，一方面可以积累客群大数据，形成有价值的数据资产，进而打造行业级的信用体系；另一方面可以借助金融科技开发智能风控技术，优化普惠金融业务开展，提升普惠金融业务的自主风控能力；最后，通过系统平台可以为监管机构提供有效的业务监管渠道，便于监管方对业务合规性的监管、市场监控以及监管政策的制定。

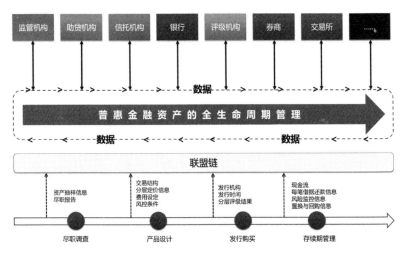

图6-1　中航信托普惠金融区块链平台

来源：中航信托

④优化信用体系，提升交易结算运作效率与安全

长期以来，交易结算机构作为中间方为市场参与各方建立并维护金融活动中所需的信任基础。但随着市场对于效率和安全的追求日益增强，可考虑探索一条基于信息技术的新路，探索多中心的方式优化股东投票、保险赔付等业务处理，对现有的单一中心化模式进行有效的补充。

案例：上海保交所区块链平台 [①]

2017年9月1日，上海保交所正式发布区块链底层技术平台（简称保交链）致力于破解利用信息不对称骗保、投保人客户信息流失被盗卖、赔付效率不高等痛点。不同于其他区块链，保交链在安全体系、灵活部署以及应用开发三方面具有显著特色：一是保交链研发并装载了支持国密算法的 Golang 算法包，并与上海交通大学密码与计算机安全实验室进行了有效性和安全性测试，使得保交链在实际运用中将更加安全可控；保交链支持国际标准密码算法，可满足国际化业务的安全要求。二是保交链节点可以按照企业的需求实现本地部署及保交所云平台托管部署的两种部署模式，缩短部署周期，降低开发成本，方便不同类型机构的快速接入。三是保交链提供便捷高效的应用开发界面，通过 API 统一接口服务及功能分离的标准开发包（SDK），满足开发者在应用开发、系统管理及系统运维的需求，支撑业务场景敏捷开发、快速迭代。除此之外，保交链还兼具其他四个特性：一是监管审计。监管 CA 配置模块，可满足监管方面审计要求，满足业务方合规要求。二

① 详见上海保险交易所官网。

是性能可靠。通过性能优化、配置参数调整及高效的应用设计，可以达到企业级应用的性能要求。三是监控运维。完善的监控系统实时监控区块、交易、网络、CPU内存及存储，全面关注区块链网络健康状况，实现系统层及应用层实时预警功能。四是多链架构。底层架构均衡考虑了系统性能、安全、可靠性及扩展性，引入"通道"概念，实现了不同业务的数据隔离及访问权限控制，提供丰富的智能合约模板，保交链可支持一次底层部署多链运行。

⑤提升市场经营机构业务运作水平

案例：百度－天风ABS案例 ①

国内的资产证券化（ABS）市场远达不到欧美市场的发达程度，主要在于：一是底层资产不透明，导致ABS未能实现主体信用和债项信用的分离，难以客观公允地进行债项评级。二是参与方多、业务链条长。国内ABS业务参与方包括基础资产原始权益人、专项资管计划的计划管理人、为ABS提供增信措施的担保人、资金托管和监管银行、ABS投资者、登记交易机构等。在缺乏统一的工作平台对各方数据进行集中管理使用的情况下，对账清算所用信息的准确性和一致性可能存在问题，给ABS数据造假留下空间。三是资产存续管理复杂。ABS底层资产往往交易量大，交易频次高，信息的及时性、违约机制的可行性存疑。区块链技术在ABS中应用的优势主要有，提高底层资产的透明度和真实性，保证业务流

---

① 根据互联网资料整理。

程中信息数据的安全与统一，提高资产头后管理的效率。"百度—长安新生—天风 2017 年第一期资产支持专项计划"是国内第一单基于区块链技术的场内 Pre-ABS 产品。百度在本单 ABS 产品中采用了联盟链技术，项目中的各参与机构（百度金融、资产生成方、信托公司、证券公司、评级机构、律所等）作为联盟链上的参与节点，写入信息数据。创新性设计包括，利用区块链不可篡改性将各阶段信息写入区块链，打造 ABS 平台上的"真资产"；支持百万 TPS（每秒事务处理量）的交易规模；通过百度千亿级流量清洗系统，抵御网络攻击；通过安全实验室的协议攻击算法，确保通信安全，将黑名单、多头防控、反欺诈、大数据风控模型评分等信息也计入区块链，增强了资产的信息披露程度。

⑥助力新时代的国家战略

党的十八大以来，国家制定实施了一系列国家战略。区块链有望同其他包括大数据、云计算、人工智能一道为新时代中资本市场服务国家战略提供独特的助力作用。在增强资本市场服务实体经济能力方面，可考虑利用区块链推动监管信息报送和审核现代化。在普惠金融方面，充分发挥区块链、大数据、生物识别等鉴真功能，强化身份认证体系，极大拓宽互联网金融对于偏远中小微金融主体的服务能力和范围。在绿色发展方面，在碳排放权交易和相关期货品种中优先探索应用区块链技术。

6.3　趋利避害：把握资本市场发展区块链技术的中国机遇

1. 加强研究推动区块链技术发展，助推现代化金融体系建设

2008 年的全球金融危机，让世界经济秩序和金融治理经历了新一轮的重塑。此后几年，全球经济深度调整、缓慢复苏，重新回到发展的轨道。与此同时，以大数据、云计算、人工智能、区块链为代表的现代信息技术蓬勃发展，深刻改变着世界发展的格局。现代信息技术与金融业加速融合，金融科技创新日新月异，推动金融服务模式、竞争格局、监管环境的变革。2015 年以来，区块链行业快速发展，投资规模呈几何级数增长，其中 80% 的应用是金融服务，目前已成为全球关注度最高的金融科技创新。可以说，区块链技术诞生发展于世界经济金融体系大调整、大变革、大提速的历史时期。

从我国情况来看，党的十八大以来，国家坚持改革开放，协调推进全面深化改革、全面依法治国，经济在保持中高速增长的同时，实现了内涵式发展，综合国力和国际影响力显著提升，使我国逐渐成为世界经济秩序和金融治理的倡导者和引领者。在此期间，金融改革不断深化，资本市场稳中有进，对外开放的大门越开越大，推出了沪港通、深港通、债券通等内地与香港互联互通机制。与此同时，习近平总书记也多次指出我国资本市场交易

制度不完备、市场体系不完善、交易者不成熟、市场监管不适应的问题。总体来看，我国资本市场的短板依然十分明显，在错综复杂的国际经济局势和服务现代经济体系需求面前，仍然比较稚嫩。一是资本市场服务实体经济能力不足。直接融资比重仍然较低，多层次资本市场体系仍不完善，对于新经济的支持作用不明显，助推国民经济转型升级的功能没有充分发挥。二是防范化解金融风险的能力亟待加强。资本市场相比银行体系脆弱性高，风险消化能力弱，金融乱象频发，市场规范发展道路任重道远。三是市场效率与投融资需求不匹配。股票发行效率、跨境互联互通交易等方面同境外发达市场仍存在明显差距，市场在资源配置中的决定性作用需要进一步发挥。四是市场监管适应性不足，特别是科技监管能力有待提升。在新时代下，党的十九大对金融工作提出的要求是：提高直接融资比重，完善发展多层次资本市场，加强双向开放，打好防范重大风险攻坚战。

在我国建设社会主义现代化国家的道路上，离不开现代化金融体系的有力支撑，解决经济社会发展不平衡、不充分的问题。同时，随着经济的高质量发展，资本市场只有经历一轮彻底的智能化转型，充分实现投融资活动的自动、便捷、安全、有序，才能不断满足人民对美好生活的需要，才能同智能化的人类社会发展相匹配。从科技创新的供给侧来看，一方面国家大力实施创新驱动战略，企业的生长环境不断优化，另一方面近年来，我国金融科技市场规模快速增长，金融科技产业链企业已超过 5700 家，至 2016 年累计融资约 420 亿美元，2016 年前 7 个月内对亚洲金融科技公司投资的 90% 以上被中国企业募集。对待区块链这项具有一定变革潜力的数据库技术，我们不仅要超前布局，加大投入，而且要坚定不移地在试用实施层面推动发展，保持定力，对区块链技术发展给予足够的包容和耐心，坚持干中学与学中干并举，以未来 20 年、30 年的战略眼光，创造条件打造现代化的金融服务基础设施。

2. 以资本市场服务大国崛起为导向，建立符合国情的区块链技术应用场景

党的十八大以来，国家制定实施了一系列重大国家战略，新时代对资本市场也提出了提高直接融资比重，促进多层次资本市场健康发展的要求。在此背景下，我们认为，探索资本市场的区块链应用，一定要将区块链放在资本市场服务国家战略大局来看，以此为导向探索建立具体应用场景、实现金融现代化的目标。一是推动证券发行和并购重组现代化，增强资本市场服务实体经济能力。在保证上市公司质量的前提下，逐渐将发行并购审核的操作性工作移交到基于区块链、大数据、人工智能为基础的审核框架中，切实提高发行审核的公正公平和效率。二是广泛开展国际合作，凝聚技术共识，积极推动境内外交易结算基础设施共同建设区块链平台，大力推进证券跨境活动便利化。三是推动监管科技化的转型升级。用 5 ～ 10 年的时间，逐步将交易结算基础设施系统迁移至共同的区块链平台上，统筹监管各类金融基础设施，全面准确及时掌握和挖掘各业务链条数据，显著提升市场监管的广度和深度，切实加强系统性风险的防范和化解能力。四是探索

实现简约、智能的金融交易。在客户端，投资者金融资产交易简
单便捷，交易成本显著降低。在服务端，缩短交易结算业务链条，
广泛深入应用区块链网络和智能合约技术，推动资本市场基础设
施及市场经营机构的职能转变，从信任的建立者、维护者过渡到
业务规则的制定者和技术系统的维护者，保证业务运转合法合规。

3. 高点定位，瞄准智慧金融方向，以足金标准打造区块链应用的中国质量

在区块链蓬勃发展的这几年中，金融案例中相对成熟的案例
还比较少。主要原因除了技术本身非常特殊，与传统技术系统的
衔接难度大之外，还与理想的应用场景不足、现有业务面临大规
模再造有关。一种情况是，基于现有技术条件的金融交易结算模
式短期内难以被区块链技术替换，即便是局部的应用场景也涉及
新老技术的衔接问题。还有情况是，一些初创技术企业急功近利，
披上区块链外衣提供的金融服务（如股东投票服务）与简化业务
链条的初衷背道而驰，不仅流程复杂而且系统处理效率低下。整
体上，目前基于现有区块链技术大规模投产的区块链应用场景还
比较少，很多金融市场经营机构都是为了用而用，形似而神离，
有的到最后演变成打着区块链的旗号博眼球、炒概念的把戏，扰
乱金融市场秩序。总的来看，目前金融区块链的应用含金量整体
不高，仍然处于起步摸索阶段。

我国资本市场发展区块链技术要抢占行业先机，必须高点定
位，瞄准智能金融发展，以足金的标准打造区块链应用的中国质量。

加大科研院所发展区块链技术的投入力度和金融科技初创企业的扶植力度，着力推动区块链技术原型的研发，以投融资及监管活动的便利性、智能性、有效性、安全性、合规性等为主要衡量标准，打造符合我国资本市场现代化转型需求的技术模式。同时，要鼓励技术创新走出实验室，加大对区块链技术在金融领域产业转化的激励力度，打造一批创业创新机构和应用案例的行业标杆。

4. 坚持政府主导，构建良好创新环境，充分发挥市场在区块链技术发展中的主体作用

现阶段，区块链技术治理结构总体上较为松散，在全球范围内尚未形成统一的行业规范。近几年，包括各国政府、监管机构、金融基础设施、市场经营机构在内的各方，都在进行复杂的博弈，专门为区块链发展制定政策的国家还比较少，大多以企业发起技术联盟或各自为战的方式推动技术研发。但历史经验表明，在缺乏一个强有力的领导者和长期制度保障的情况下，单纯依靠自下而上的市场创新是难以保证的。例如，2016 年 11 月底，高盛、桑坦德银行等数家区块链 R3 联盟发起机构宣布退出该组织，充分说明了在思路分歧和利益冲突面前，自主缔结的契约是不稳固的，甚至是脆弱的。

在金融科技发展过程中，政府的作用是不可替代的。在培育金融科技企业方面，英国、澳大利亚、新加坡、中国香港走在了世界的前列。以英国为例，英国于 2015 年 3 月率先提出并建立了"监管沙盒"。金融科技企业可以在"监管沙盒"内开展金融创新的

测试，政府对其实施的监管具有极大的包容性，甚至豁免企业的某些合规义务，由此降低企业创新成本，激发金融科技创新活力，并提升了本国金融市场的国际吸引力。从实施效果来看，德勤的报告指出，英国金融科技产业的破坏性创新收入达到 36 亿英镑，欧洲半数具有"破坏性"潜力的金融科技企业分布在英国。经过这几年的发展，"监管沙盒"的实践越来越多，澳大利亚、新加坡、中国香港等国家和地区的金融监管机构也陆续推出了自己的"监管沙盒"。

因此，我国政府应主动承担起区块链技术创新主导者、推动者的角色，自上而下统筹推进改革与创新。我国要深化国际合作，积极参与区块链技术国际标准制定。金融、科技监管部门应适时建立金融科技部际沟通协调机制，加快推进金融行业信息化的顶层设计和标准化建设，完善技术治理架构，打造区块链技术的中国标准，同时监管部门转变发展思路，切实优化金融科技孵化环境，统筹现有各地金融科技鼓励政策，出台国家层面的指导性文件，力争在 2～3 年内推出适用于我国金融区块链发展的"监管沙盒"，鼓励金融市场交易结算基础设施、金融经营机构、科技企业等市场主体机构进入沙盒，共同开展区块链技术创新，充分释放市场自主创新活力。

5. 守住风险底线，确保改革创新蹄疾步稳，实现资本市场发展的审慎变革

信息技术的发展有助于缩短金融业务链条、消除信息不对称，

对于推动金融实现现代化、智能化具有很大的积极意义，但同时，近年来信息技术创新的负外溢效应显著增强、日益显现。例如，程序化交易不仅根本地提升了交易速度和交易量，也成为 2010 年美国股市"5·6 闪电崩盘"和我国股市 2013 年光大"乌龙指"等重大风险事件的源头。再如，比特币等数字货币模糊了货币的司法界限，更具哈耶克所称的非国家性，正在加快重塑世界货币体系，对于全球经济运行秩序的影响越来越明显。不同于 2008 年全球金融危机时代，今天的科技革新使得金融日趋复杂化、边界模糊化，在交易活动从 2.0 升级为 2.0T 的同时，风险也改头换面、脱胎换骨，具外溢性、传染性，系统性风险的威力更大，特别是此类风险往往被巨大的创新收益所掩盖，不容易被及时察觉和处置。具体而言，区块链技术在资本市场的应用可能带来以下几类风险：一是业务风险。比如，智能合约的设计不完善使得债权债务履约错误，自动化执行可能导致连环嵌套的债务违约。再如，区块链需要建立对参与者的身份验证机制，否则将无法满足 KYC 或交易实名制等原则，市场正常交易秩序可能因此受到不良影响。二是法律风险。一方面，不法机构可能借用金融科技创新之名，开展金融欺诈、ICO 非法集资等违法违规活动。另一方面，因法律法规调整滞后于技术应用，导致的区块链记账结果的法律效力不足或与其他结果相冲突，可能引起法律纠纷。三是技术风险。在区块链发展初期，系统的业务处理性能严重制约规模化应用，亟待大幅提升。另外，从目前来看，区块链在系统缺陷、技术故障、网络脆弱性等方面相比现有金融服务基础设施并不具有明显优势。四是信息安全风险。在金融市场应用区块链，前提是解决市场参与者敏感数据的隐私保护问题。五是道德风险。目前看来，区块链对于源头数据的真实性控制能力比较弱，比如市场参与者出于避税、洗钱等目的进行合谋，故意在区块链中写入虚假交易金额。又如负责区块链设计开发、技术验收的机构出于牟利动机，故意制造系统缺陷，引发金融风险，侵害投资者合法权益。

在我国资本市场特别是交易结算领域应用区块链技术绝不仅仅是单纯的信息技术创新，更是整个金融市场的大事。在区块链技术的应用策略上，初期应保持积极稳妥的工作基调，优先聚焦于存在市场空白或影响较小的业务领域，使用简单、成熟的技术解决方案。同时，监管部门要时刻绷紧防控风险的弦，以依法从严的标准加大监管力度，制定严格的机构、人员的准入和运营标准，实施严格的区块链应用模式审核评价机制，建立黑名单制度，确保区块链的应用符合资本市场发展方向、运作逻辑和监管标准，切实维护良好市场秩序，防控重大金融科技风险，有效保护投资者合法权益。

 小结

自信是当代中国人最鲜亮的标签，有梦是新时代中国人最深沉的情怀。今天的我们比历史上任何时候都渴望复兴，而复兴之路上离不开现代化经济金融体系的厚重支撑。近年来，信息技术亮剑出鞘，初露锋芒，随着现代信息技术与金融业的融合日益加深，金融科技正在快速创新、应用和推广，对金融业的发展带来了日益深刻的变化。我们有理由相信，金融科技必将为我国经济金融体系的现代化建设提供具有深远影响的解决方案。在我国资本市场的这片沃土上，相信定会出现一批兼具中国特色与国际样板的区块链应用！

结 束 语

　　新一轮科技革命和产业革命带给人们的，除了看得见摸得着的满足与享受，更重要的在于启迪心智。近年来，信息技术的蓬勃发展使一个又一个的不可能变成了可能。我们见证了无人驾驶、刷脸支付、AlphaGo 的诞生，这些令人惊呼的"黑科技"彻底开启了人们对于智慧生活的美好想象，人类文明也将因此加快进化的步伐。金融作为现代人类社会经济体系的重要组成部分，也自然而然地被卷入科技革命的大潮。金融科技就是二者融合的产物。一些金融科技应用开始生根发芽，有的已初露锋芒，比如移动支付、大数据征信走入了千家万户，为人们的日常生活带来了极大便利。有的虽然有条件广泛投入应用，比如智能投资顾问，但其有效性目前还难以同人类相提并论，距离预想的效果有很大的差距。还有的仍处于概念摸索或者原型验证阶段，应用案例极少，比如区块链，由于它的理念过于超前，在操作层面难以与现行技术架构无缝衔接，目前还无法为金融业带来实质的进步和发展。

　　为什么区块链顶着怪异的名字，又是个"另类"，却能在近年受到科技界和金融界的追捧而且热度不减？关键在于它是一种基于加密算法和共识机制的分布式数据库。换句话说，区块链能够在非中心化组织中让参与者借助信息技术手段建立牢固的信任，并在此基础上进行安全高效的交易活动。对于金融而言，区块链根本性地启发了我们如何用另外一种完全不同的思维方式，绘制一幅更美的资本市场新蓝图——交易结算基础设施信息技术系统的变革，有可能反向带动资本市场在运行机制、投资效率、法规体系、市场监管、风险管理、参与者行为、投资者保护的全面飞跃，让我们有机会打造一个游戏规则不同但更加公平有序、安全稳定、灵活智能、简单高效的资本市场！

但有意思的是，就像是在比特币网络中取得记账权需要解开极为复杂的计算题一样，区块链偏偏给资本市场的建设者出了道难题——应用区块链的前提是，你必须将它的去中心化模式、共识机制、加密算法等特有属性同资本市场的实际恰如其分地融合起来，以符合资本市场对于追求高效和安全的发展需要，并满足严格的反洗钱、KYC、投资者保护要求。但从探索实践来看，目前区块链的运行逻辑与资本市场的传统机制差异很大，有太多的不确定性需要一一磨合解决，盲目改革很可能增加新的风险。正因如此，市场中新势力与旧势力之间进行着激烈的博弈，新秩序的倡导者和旧秩序的维护者互不相让、势均力敌。可见，资本市场的区块链之路并不好走，它是个长期性、系统性的过程，需要经历九九八十一难才能到达胜利的彼岸。我们看到，美国、澳大利亚、中国香港、英国、新加坡等国家和地区已成为区块链在资本市场应用探索的先行者，为其他国家作出了典范。

对于我国而言，区块链技术为资本市场提供了巨大的改革发展机遇。经过多年的发展，我国已拥有全球第二大股票市场、第三大债券市场和1亿多投资者，但问题在于，我们的资本市场对实体经济的支撑作用明显不够，国际竞争力仍然不足，市场成熟度同发达国家相比还有很大的差距。在这种情况下，特别是在中国特色社会主义进入新时代，努力实现高质量发展的今天，以区块链为代表的金融科技，对于建设新型交易结算基础设施，推动资本市场向着更高效率、更低风险、更智能的交易及监管，投资者合法权益得到更好保护方向迈进，实现经济金融体系现代化具有重要意义。我们建议积极拥抱金融科技，坚定不移地研究推动区块链技术在资本市场基础设施领域的探索，以资本市场服务大国崛起为导向，建立适合的区块链应用场景，以足金标准打造区块链应用的中国质量。建议坚持利用"监管沙盘"等机制稳妥试点，加强区块链与大数据、云计算、人工智能、生物识别等科技的协同应用，形成创新合力。建议坚持政府主导、多方协作，构建有利于发挥市场主体作用的创新创业环境。建议坚持底线思维，制定实施严格的配套风控体系和监管标准，确保资本市场的改革创新蹄疾步稳。

我们衷心希望，我国的金融界和科技界同仁向世界讲好资本市场发展区块链技术的中国故事！

　　李中、周思宇、李杨三个年轻人，写出这本关于区块链在证券市场应用探索的书，可读性与专业性均不错，尤其在金融基础设施领域应用前景的探索，应该是有系统性考虑的一本书。这源于三位作者在日常工作中积累的敏感和判断，对于区块链理论到实践做了大量的功课才有了这本《审慎变革：区块链与证券市场的未来之路》的思考。书中的分析、论证、推理、设想是具有可信的基础的，值得阅读。

　　区块链是伴随比特币发展而来的一种新的分布式记账技术（DLT），坊间争论激烈，正反双方博弈到现在仍未有胜负结果，正方认为区块链技术是互联网问世以来的一种革命，是属于金融4.0时代的稚儿，在长期以中心化、强监管、排他性、垄断性著称的金融要素市场下，具有划时代的挑战意义与广阔的未来。DLT以精妙的数学算法实现去中心化、不可篡改、全网共识机制来实现现有的各种官家金融买卖，以适应最大自主化、自由化、安全性的经济活动，在证券市场似乎是与证券的登记、交易、结算、交收有着天然的契合，因此全球都在尝试，也有了很多昙花一现式的光芒。

　　然而理想与现实，革命与传统总是要有相当时间磨合的，我们必须要在创新的突破与传统的制度体系之间寻求平衡，挑战已经开始，操戈为应战，到目前为止，仍在持续较量之中，好戏在后头。

　　新技术、新观念、新冲击是年轻一代的优势，正因为有年轻的无畏，才有老朽的坚守，二者互为因果才有了人类社会绵延几千年的发展。但总的说来，后生可畏！谁也不能用过去否定现在，更不能用现在去制约未来，革命与创新始终是年轻人血液中最旺盛的基因。他们是未来，他们也将创造区块链的未来，这一点我深信不疑。

　　是为跋。

戴文华
中国证券登记结算有限责任公司总经理

理论上讲，区块链技术的应用范畴，可以涵盖货币、金融、经济、社会的诸多领域，但现实中却并非这么简单。本质上看，区块链技术发展仍然处于萌芽和完善阶段，亟须"呵护"和避免"捧杀"。尤其是在金融领域，其行业特殊性及我国面临的独有格局，都需要我们深刻思考一系列重大难题与挑战。

第一，区块链技术能否真正"练好内功"。正如"一千个人眼中有一千个哈姆雷特"，随着区块链的日益火爆，人们对其解读也"五花八门"。原本坚持"去中心化""不可篡改"的内在特质，在现实中也逐渐动摇。由此，当我们在讨论区块链技术时，可能需要跳出比特币、以太坊等典型案例的约束，更准确地描述区块链技术不变的本质内涵。

需要承认的是，作为新兴技术的区块链必然有诸多不成熟的地方，亟待自我完善和理性质疑。在金融领域，区块链的倡导与应用者，也需要从早期的"币圈"与"技术极客思维"，逐渐转向技术与金融思维的有效融合。

例如，我们可全面反思公认的区块链特点。一是透明。那么初始规则设置，是否有利于多数人，是否有误导和信息扭曲；绝对的信息透明是否可能，是否带来信息保护难题？二是信用。从信息到信用，意味着要改造成为可交易的金融信息；基于区块链规则的"智能权责处理"，与线下资产确权如何关联；区块链线上生态的智能交易和责权约束机制，覆盖面有多大，可否脱离现有体系？三是不可篡改。"超过全网51%的算力才能攻击"的成本难题，与真正安全之间的距离多远？The DAO 事件带来的"硬分叉"争议、Krypton 受攻击等，是否已经改变了区块链的特质，各种账本维护者是否有道德风险？四是低成本。账本规模会否膨胀？交易费用与能耗会否快速上升？

所有这些都需认真审视。正如：想要改变别人，先要改变自己；想要融合别人，先要健全自己。通过技术、金融、法律等跨界合作，共同寻找区块链的缺陷和不足在哪里，才能使得这一革命性技术迎来更长远的生命力。

实际上，作为分布式技术的代表之一，区块链自身也存在将来被替代的可能性。例如，有向无环图就是更多利用拓扑排序的图形数据结构，可以解决区块链在可拓展性方面的一些不足；还有哈希图，一方面可以实现区块链已有的技术特征，另一方面在快速性、公平性各方面还有更多长处，有效实现分布式技术的一致性。

第二,区块链解决的是"人与人""机器与机器"还是"人与机器"的价值交换。经济学家罗伯特·席勒认为："金融系统实质是一个信息处理系统——一个建立在人力基础而非电子元件基础上的系统，而且人工智能离彻底取代人类智慧还有很远的路要走"。

一方面看席勒可能有些保守，新技术已经对传统理论带来巨大影响。例如，行为金融学力图揭示金融市场的非理性行为和决策规律，对其一个普遍性批评就是缺乏合乎经济学研究范式的模型和实证体系。但信息、大数据和区块链带来了变化，个体行为与价值传递可能有效地被观测和甄别，这是否意味着微观金融学的假说基础真正被挑战？

金融交易的实质也是交换和处理不同节点之间的特定信息，有人认为区块链可使机器成为金融活动的主体。就技术对金融的影响来看，其路径是从"人与人"的金融，到"人机协作金融"，再到"机器之间的金融"，现实显然距离第三阶段还甚远。考虑金融活动，离不开对人的非理性行为与道德风险的关注，区块链共识规则与网络节点背后仍隐含着人性带来的不确定性。

第三，区块链带来的担忧是中心化还是去中心。应该说，金融交易中的信息不对称、搜寻成本、匹配效率、交易费用、规模经济、风险控制等，决定了中心与中介存在的必要性，如央行、金融机构或中央对手方机制。新技术环境下中心（中介）的价值在变化，例如从解决信息不对称，到大数据时代对信息泛滥的甄别。一方面，在新金融创新与变革过程中，有大量的"伪去中心"，例如不管是互联网企业做金融，还是许多 P2P 网贷和股权众筹平台，实际是以新的中介形式出现。另一方面，在现有经济社会组织模式下，真正的大范围去中心基本不可能，更多是有限小规模的"试验田"，有意义的是多中心或弱中心，实现共享型的金融发展。由此，虽然在技术上无可厚非，但当区块链应用于金融等领域时，应淡化"去中心化"，而强调分布式、弱中心特征。

　　同时需要注意几点，一是传统金融机构拥有巨大资源优势，完全可以利用区块链技术，在改良中发挥中心作用。如果出现内部制度失控，可能带来更大风险，此前德意志银行、富国银行的"神话破灭"已经给我们警示。传统机构的创新失控与道德风险，可能在区块链创新中被进一步放大，尤其是在其大量介入区块链生态圈建设之时。二是对政府或公共机构，也要防止其利用"无所不能"的新技术，超越合理权力边界。三是对于那些逃避监管的、打着去中心旗号的灰色或黑色金融活动，则是需各方唾弃的"劣币"。

　　第四，区块链前景取决于利益、效率与安全的"三角制约"。区块链带来的变革，也离不开路径依赖突破下的制度变迁。所谓路径依赖，是指人们一旦选择了某个体制，由于规模经济、学习效应、协调效应及适应性预期，以及既得利益约束等因素的存在，会导致该体制沿既定的方向不断自我强化。所谓制度变迁，包括自下而上的诱致性制度变迁（需求主导型制度变迁）和自上而下的强制性制度变迁（供给主导型制度变迁）。区块链能否真正获得生命力，在传统规则里"突围"且融合，取决于其能否找到"三角制约"的平衡点。一则，达到利益均衡并有利于多数人，是一项变革可否延续的出发点，需要充分预期到打破既有利益格局的阻力。如公有区块链可以用来安全、低成本地保存证书和文凭，但会对传统证书认证中介、非法产业和个人信息保护都带来挑战。二则，金融运行的效率有时并非"越快越好"，如高频交易对资本市场的"双刃剑"已经使我们警惕。三则，新技术和规则还需要基于安全的压力测试，包括产品安全、技术安全、系统安全、信息安全、资金安全、国家安全等。简而言之，区块链的内在理念实际已探索多年，现在更需回归主流，找理论扎根的"土壤"，探索与主流金融体系的结合点，从颠覆到补充，实现共享、融合的新生态。

第五，区块链能否应对金融发展中的"短板"。例如，我们研究发现，近年来，支付清算系统业务指标与宏观经济运行之间的相关性也出现了显著的弱化现象。基于支付清算指标所进行的宏观经济变量拟合效果普遍不尽如人意。除了非现金支付工具中的票据之外，基于其他支付清算指标所给出的经济增长率或通胀率都大大超出了实际值。这说明，有相当多的支付活动并没有对实体经济作出有效的贡献。换句话说，支付清算业务反映了金融市场的活跃性在提升，而实体贡献度却增长乏力，金融的"自我游戏"在增加。

这里的关键就是区块链金融创新，能否促进金融服务实体、解决困扰中国金融改革与发展的诸多矛盾，如：规模增长下的结构与功能失衡、"两多两难"等，还是可能会加剧某些矛盾，如金融自我游戏、结构金融产品创新失控、场外要素市场的混乱等。

第六，区块链应用场景：从"宏大叙事"到"小而美"。对于区块链的应用需降低预期，因为其通往可编程经济的道路非常漫长。在此过程中，需拒绝"万能论"，区块链能有一部分场景得以应用，就已有巨大价值。其中，在金融体系的"大树"之上，区块链应用就如同先修剪和嫁接"枝杈"，从小做起。在连接产业与金融的路径上，努力做一些优化和贡献。就区块链金融应用中的模式看，纯商业模式的落地并不容易，因为不仅需项目清晰、话语方式转换、盈利点明确、有更大的场景依托，而且也是更努力地在弱中心、弱中介链条上寻找中介存在的价值。同时，公益模式则可以更广泛应用，只要排除某些"假公益"。

此外，新技术使得金融要素的边界变得更加模糊，当叠加上区块链技术之后，更需要从金融主体逻辑到功能逻辑。具体而言，区块链应用不再局限于金融机构、产品、市场角度，而是从改善和优化金融功能入手，包括：清算和支付、融通资金和股权细化、为在时空上实现经济资源转移提供渠道、风险管理、信息提供、解决激励等。

第七，区块链距离技术标准化时代是否尚远？越来越多的组织希望推动区块链技术标准的探索，而在我国除了民间组织，也有许多政府背景的机构介入。但客观来看，区块链似乎仍然距离标准化发展的成熟阶段尚远，因为还存在许多不足，也没有经历市场和行业的充分检验。还需看，一是在现代金融体系发展过程中，无论是中前台还是后台，都存在中心化标准与"弱中心"标准的同步演变，如在美国监管者推动金融市场基础设施的中央对手方机制建设同时，美联储 2015 年又认为，与通过中心辐射状网络结构清算交易相比，金融机构间基于公共 IP 网络的信息分布式架构有可能降低成本。中央当局要在中央总账里建立报文标准、通信安全和记录交易的通用协议，以便利相应的银行间结算。二是区块链标准需面对不同层面的矛盾，如基于市场化原则与国家金融利益与安全，可能带来不同的标准制定思路，基于软件标准和硬件标准的配合，在金融应用中同样不容忽视，基于商业化原则还是公共性原则，针对区块链技术底层还是应用层，都带来不同的标准与场景等。应该说，区块链标准探索虽然重要，但也不能脱离实际和急于求成，近期 R3 遭遇的危机也体现出这一点。诸多所谓区块链标准的竞争时代，会否造成市场混乱和泡沫，也值得充分思考。

第八，区块链的最大挑战在于金融服务和数据服务的"模糊地带"。归纳来看，未来区块链应用的核心在于如何真正实现价值互联网，从技术层面看，一是数字化代币账本，如数字资产、数字资产请求权，二是活动登记簿，如数据记录（代表某些商品或服务；金融数据或许代表交易事实）。当前，随着互联网时代新技术的快速演进，金融服务与数据服务的边界已经模糊。后者如 2014 年 5 月，美国联邦贸易委员会曾发布报告关注数据服务商的不透明；前者如 2015 年英国财政部引导成立了开放银行工作小组，以探索如何使用银行对外开放的数据，协助人们交易、存款、借贷以及投资，银行也成为数据服务商。

应该是区块链技术对金融的核心作用，是依托新的模式来确定价值、储存价值和交易价值。分布式技术最终影响的，实际上是人的"身份信息"在金融意义上的体现，即账户形态。在区块链引领从信息互联网向价值互联网的过渡中，这一挑战始终存在，需高度关注监管适应性、风险控制等问题。

第九，区块链应用于全面风险管理是核心"抓手"。从各类新金融创新来说，风险是各方最担忧的，因此一方面需深入研究，作为一类新技术，区块链是整体上增加了风险，还是减少了风险；另一方面，完全可把初始区块链创新应用的较大重心放到金融风险管理的应用上。进一步来看，在利用区块链进行金融风险管理时，首先要区分传统金融风险和新型金融风险，前者如信用风险、流动性风险等，后者如互联网时代的长尾风险、羊群效应等。其次，从风险的影响程度来看，一是系统性风险，考虑的大而不倒和网而不倒，二是非系统性风险，则是金融创新中不同参与者制造的风险或面对的风险，包括：个人（金融消费者保护）、平台（传统与新型风险、KYC、AML）、企业（非法集资、财务管理）等。由此来看，区块链应用于新金融风险管理的优化，可有不同着眼点，一是监管层面，全面推动类似于英国的 RegTech 探索；二是行业层面推动信息透明，在机构风险控制模型中运用；三是结合保险、担保等，开发出新型的风险管理产品。

第十，区块链创新监管需要"底线思维"。这里同样可延续互联网金融监管思路的转变，通过穿透式监管，剥离出虚假区块链项目的"外衣"。投机炒作东西方都有，在我国的"土壤"更加丰厚。早在春秋时期的管仲就是炒作鼻祖，其经济思想不过是本着物以稀为贵的原理，先占据某种稀有资源，再包装炒作并善于造势借势，最后引诱大家入套，牟取暴利。在实践中，一是要对区块链创业企业推动"良币驱逐劣币"，真正使得有核心竞争力的企业获得有效支持，而促使"噱头大于内涵"，甚至"挂羊头卖狗肉"的"人人喊打"。二是需要把基于区块链账本的数字货币，与区块链在金融交易中的应用区分对待，前者由于挑战了央行货币发行权，更需严加监管。三是在金融组织的非核心系统、金融市场的边缘和小规模地带，给予相对高些的创新空间和容忍度。

综上，在区块链愈演愈烈的热潮当中，真正能够冷静下来思考的研究并不多见。本书由几位年轻学者完成，不仅提供了大量可以进行比较研究的国外素材，而且能够客观、理性地看待区块链的创新应用空间，并聚焦资本市场中的运用，进行了审慎的研究探索，是一项非常有价值的研究成果。

长远来看，破除区块链的"神话"，真正回归技术本质来看问题，有效探索金融应用的合规发展道路，才是区块链延续内在生命力的安身立命之本。

杨涛

中国社科院金融所所长助理、研究员

跋
三

公元 10 世纪，中国的宋朝发行了世界上第一个纸币"交子"。交子本身并没有内在价值，但它对金、银和丝绸有固定的转换率。从真金白银作为货币转向纸币或"法定货币"，宋朝成为世界上第一个使用纸币的社会。在接下来的 11 个世纪中，每个社会的控制机构都在世界各地和时期发行了无数的法定货币。其中一些货币很成功并短期内主宰世界经济。也有很多法定货币宣告失败并导致国家经济崩溃，持有者的财富蒸发。自 1913 年美联储成立以来，即使美元这一全球最受欢迎的储备货币已经失去了 97% 的价值，美国的国债也超过了 22 万亿美元。

尽管一再失败，发行货币、控制货币政策一直由中心化的权力机构控制，这种中心化的机构通常体现在主权国家，这些权力完全属于每个主权国家的政府当局。这个架构其实有非常实际的原因，当陌生人相互交换价值，中心化机构（央行和银行）一直是弥合双方信任差距的必要信托机构，起到规范和保障货币的价值的重要作用。

与此同时，互联网发展已有 30 余年。科技正在使陌生人之间建立去中心化的点对点信任，从租房、购车、寻找约会伙伴到商品买卖。在 2008 年全球金融危机的灰烬中，一个化名为中本聪的人（或群体）通过创建比特币协议进一步推动了这种去中心化的点对点信任。比特币协议实现了完全分散的点对点货币系统。虽然比特币由于交易速度和市场价格高幅不稳定而无法成为有效的货币，但这个创造启发了许多其他去中心化的程序协议，使大量个人和团体能够基于代码而不是靠集中的信任的企业或机构来协作和交换价值。

现今许多行业中有诸多管理方式仍然靠大量的人力和资源来人工驱使多方合作，造成高成本、低效率。而中本聪通过比特币为世界作出的最重要的贡献就是可以去中心化的区块链技术。货币的发行和控制完全由央行掌控是每一个主权国家很难改变的现实。但是去中心化的区块链技术会为任何一个需要多方共同记录和承认数据的行业带来历史性的变革。区块链会带来颠覆作用的行业包括金融、运输、工业供应链等。银行和基金的传统操作方式会面对比较多的挑战，这主要集中体现在风投、IPO、项目融资（Project Finance）、基金管理及贸易金融等行业。区块链本身的应用上，我们逐渐也会看到如本书中详细介绍的在交易平台、股东投票纪录、股权管理等方面的应用。

中本聪创造比特币的 9 年后的 2017 年，比特币在一年内增长了 20 倍，从 2017 年 1 月初的 1000 美元增加到 12 月的 20 000 美元，成为人类历史上最大收益的资产。从 2015 年底到 2018 年初，已有超过 2000 种加密货币发放于市场。这个加密货币热潮中有许多人获得了不合理的超额回报。加密吸引了更多的"加密货币发行人"用 ICO 为创业早期阶段的许多项目融到远远超过项目初期阶段需要的资金量，从而为参与者，特别是信息不足的散户带来了很不公平的风险。世界各地的大多数监管机构都作出强烈反应。2017 年 9 月，中国监管机构禁止 ICO。截至 2018 年 3 月，已采取系统措施阻止海外加密交换和钱包的 IP 地址，以阻止中国居民和机构进行交易。在 2018 年 3 月，美国证券交易委员会传唤 80 多个 ICO 并表示所有代币都被认为是证券代币，要求尊重证券法。在美国的加密交易所的一些投资者都承受着巨大的监管压力。

因此，持怀疑态度的人认为区块链和加密热潮无非是一个泡沫，狂热推崇者则认为加密的能力最终会完全取代央行，并解决世界上所有最具挑战性的问题。处于两个极端之间的许多人感到困惑。这是一个非常正常的过程。世界上确实很少有人可以诚实地声称他们完全掌握了区块链的全套知识，包括比特币的历史、底层的函数和密码学、区块链技术的编码、采矿方面、不同协议的利弊、每个区块链项目的经济和技术设计、不同行业的潜在应用、不同司法管辖区不断变化的规则以及相关的社会和哲学伦理的辩论，等等。历史上人类社会出现的任何一项新技术，特别是比较复杂又具有颠覆性的新技术的早期都会由混乱和狂热导致的泡沫来表现。

今年在达沃斯我与诺贝尔经济奖得主罗伯特·席勒教授的辩论中，我说我不关心比特币的价格，有好些在场观众有些吃惊。如果它的价格不能体现价值，那什么能呢？这是因为我相信比特币的真正价值在于它是一个极具影响力的概念、一个操作的方法。这种去中心化的技术和概念将点燃许多有可能改变我们经济的突破性解决方案和理念。比特币已经证明了使用底层技术区块链建立一个点对点系统来交换价值并创建微观奖励机制，使大群人能够根据编码规则进行协作而不是依赖于集中化机构来合作，而不是使用等级组织来管理大量参与者。如此，区块链才是真正的数字经济的技术基础。区块链和加密应用的真正价值在于如何改变和组织未来经济和金融体系。监管机构固然应该保护加密货币的投资者，但是在中国金融市场上对区块链技术本身的应用上应该大胆创新。而中国的央行也可以成为世界首位发行加密数字人民币，对外可以从一带一路的市场开始用加密数字人民币来取代美元作为新的贸易货币，对内可以实现用智能合约自动纳税、中央绕过地方政府直接和村民对接扶贫，等等。这个应用会对世界经济体系、中国的经济和贸易地位以及新世界次序都会带来深远的影响。

过去两年的加密货币的热潮无疑是个泡沫，很像在 20 世纪 90 年代那些有了网站就上市融资几亿美元的互联网公司一样。但同样一如当初，泡沫破裂之时并非结束，而是互联网技术真正的开始。自 2018 年初，比特币和加密货币市场就一直处于萧条状态，也许这正是孕育者区块链技术应用和数字经济的春天。

朱晋郦 | Jennifer Zhu Scott

Radian 创始合伙人

世界经济论坛未来区块链理事会首届及连任理事

推 荐 阅 读

- Antonopoulos, Andreas M. (2014), *Mastering Bitcoin: Unlocking Digital Crypto-Currencies*, O'Reilly.
- ASX (2016), *ASX's Replacement of CHESS for Equity Post-Trade Services: Business Requirements*, ASX Consultation Paper.
- Clack, Christopher D.; Bakshi, Vikram A.; Braine, Lee (2016), *Smart Contract Templates: Foundations, Design Landscape and Research Directions*.
- Coindesk (2016), *Understanding Ethereum*.
- CPMI (2015), *Digital Currencies*.
- CPMI (2017), *Distributed Ledger Technology in Payment, Clearing and Settlement: An Analytical Framework*.
- DTCC (2016), *Embracing Disruption: Tapping the Potential of Distributed Ledgers to Improve the Post-trade Landscape*.
- ESMA (2016), *The Distributed Ledger Technology Applied to Securities Markets*, ESMA/2016/773.
- Euroclear; Oliver Wyman (2016), *Blockchain in Capital Markets: The Prize and the Journey*.
- Geissinger, Eric (2016), *Virtual Billions: The Genius, the Drug*

Lord, and the Ivy League Twins behind the Rise of Bitcoin, Prometheus Books.

- Goldman Sachs (2016), *Blockchain: Putting Theory into Practice.*
- Hayek, F.A. (1976), *Denationalization of Money.*
- IOSCO (2017), *IOSCO Research Report on Financial Technologies (Fintech).*
- ISSA (2018), *Distributed Ledger Technology: Principles for Industry-wide Acceptance.*
- Jentzsch, Christoph (2016), *Decentralized Autonomous Organization to Automate Governance, Final Draft – Under Review.*
- Mills, David et.al (2016), *Distributed Ledger Technology in Payments, Clearing and Settlement*, Finance and Economics Discussion Series 2016-095, Board of Governors of the Federal Reserve System.
- Nakamoto, Satoshi (2008), *Bitcoin: A Peer-to-Peer Electronic Cash System.*
- Norman, Peter (2007), *Plumbers and Visionaries: Securities Settlement and Europe's Financial Market*, John Wiley & Son's.
- O'Hagan, Andrew (2016), *The Satoshi Affair*, London Review of Books Vol. 38 No. 13, 30 June 2016.
- Pinna, Andrea; Ruttenberg, Wiebe (2016), *Distributed Ledger Technologies in Securities Post-trading: Revolution or Evolution?*, European Central Bank Occasional Paper Series No. 172.

- Securities and Exchange Commission (2017), *Report of Investigation Pursuant to Section 21 (a) of the* Securities Exchange Act *of 1934: The DAO*, Release No. 81207

- Swanson, Tim (2015), *Consensus-as-a-service: A Brief Report on the Emergence of Permissioned, Distributed Ledger Systems.*

- Swanson, Tim (2014), *Great Chain of Numbers: A Guide to Smart Contracts, Smart Property and Trustless Asset Management.*

- Tapscott, Don; Tapscott, Alex (2016), *The Blockchain Revolution: How the Technology Behind Bitcoin is Changing Money, Business and the World*, Portfolio.

- Wattenhofer, Roger (2016), *The Science of the Blockchain*, Inverted Forest Publishing

- World Economic Forum (2016), *The Future of Financial Infrastructure: An Ambitious Look at How Blockchain Can Reshape Financial Services.*

- World Economic Forum (2015), *The Future of Financial Services: How Disruptive Innovations Are Reshaping the Way Financial Services Are Structured, Provisioned and Consumed.*

- 长铗，韩锋等.区块链：从数字货币到信用社会.中信出版社，2016年7月.

- 龚鸣.区块链社会：解码区块链全球应用与投资案例.中信出版社，2016年8月.

- 梅兰妮·斯万.区块链：新经济蓝图及导读，龚鸣等，译.新星出版社.2016年1月.

- 彼得·诺曼.全球风控家:中央对手方清算.梁伟林,译.中国金融出版社,2013 年 10 月.
- 支付结算体系委员会/国际清算银行,国际证监会组织技术委员会.金融市场基础设施原则.中国人民银行支付结算司,译.中国金融出版社,2013 年 4 月.
- 周思宇,李杨,杨莉.审慎变革是我国金融基础设施发展区块链技术的必由之路.载于《现代管理科学》2018 年第 01 期.